日本の海賊

写真紀行

清永安雄 撮影

産業編集センター

日本の海賊　写真紀行

はじめに

私は伊予の出身だが、伊予に生まれ育った人間にとって、『海賊』という存在はさほど珍しいものではない。近隣の小島から通学してくる同級生たちはみな『海賊の子』だと信じていたし、自分たちの祖先も、確たる証拠はないが多分『海賊』だったろうと思っていた。それは夏休みに両親と帰郷するたびに、カツオ船の漁師だった祖父が、海焼けと酒焼けで真っ赤になった顔で一杯やりながら、「わしらぁみんな、村上水軍の血を引く海賊じゃけん……」と、半ば自慢げに、半ば自嘲的につぶやいているのを見ていたせいだろう。

だから子どもの頃、水泳が苦手だった私は、必要以上に恥ずかしい思いをした。海賊の子孫が泳げなくてどうする、ご先祖様はさぞかし落胆されていることだろう、というわけである。そんなわけで、長じてめでたく泳げるようになったときは、これまた必要以上にうれしかった。女だてらに海賊船の船長にでもなったような誇らしげな気持ちだった。そして、自分が本当に海賊の子孫かどうかははっきりしないいまま、心の中になんとなく海賊気分を持ちつつ大人になった。

日本の海賊というものについて知りたい、その真の姿を探りたい、という欲求は、だからかなり以前から芽生えていた。機会があれば、ぜひ日本の海賊の足跡を追う旅に出たかった。昔から『海賊』という文字を見ると、なぜか心がざわつき、どうにも無関心ではいられないのだ。

断っておくが、自分のルーツを探りたい、などというおこがましい気持ちでは決してない。もし万が一、海賊の子孫だったとしても、私のご先祖は歴史に残る何の某などという立派な家柄ではなく、ちっぽけな芥子粒のような存在であったろうことは十分承知の上である。ただ、私のような者を含め、日本の海賊という、遠い昔に日本じゅうの海で活躍し、ある時期、海の藻くずのように消え去った幻のごとき存在に、見果てぬ夢とロマンを感じている人は、案外少なくないのではないか。そんな希望的観測から予備取材を開始した。

だが、調べ始めてみるとこれが意外に手強いことがわかった。海賊と一口にいっても実に解釈の幅が広く、学者や専門家の受け取り方もさまざま。またその歴史は有史以来にさかのぼり、各時代に登場する主要な海賊をざっとあげただけでもかなりの数にのぼる。全部をとりあげていてはとても一冊や二冊の本では収まらない。したがって本書ではどの時代にどのような活動をした海賊をとりあげるべきか、その絞り込みが必要だった。そこで次のような説に基づき、選択と絞り込みを行った。

島国日本には、神代の昔から海の民、いわゆる『海族』が存在していたと言われる。この『海族』が『海賊』に転化していくのだが、そもそも日本の海賊とはどういった存在だったのか。よく言われているのは、陸の統治の届かない海上で、自分たちの領土を守り、生きていくために、その海域を通過する船から通行料を取ったり、あるいは水先案内や海上警護、海上輸送等を請け負ってその対価を受け取ることを生業としていた海の人々のこと。だがそれだけで彼らが生きていけたかというとはなはだ疑問で、実際には通行料を払わない船などを襲って略奪することもあり、西洋の海賊のように恐れられた一団もいたようだ。

その海賊たちが、中世になって次第に集団化して大きな勢力となり、武力を備えるようになる。そしてその強さと海戦における技術の高さゆえに陸地の抗争に巻き込まれ、次第に傭兵化し、のちに水軍と呼ばれる存在になっていく。

代表的な海賊が水軍としてその名を轟かせるようになるのは、全国の群雄が割拠する戦国時代に入ってからである。この時期から、のちに秀吉による海賊禁止令が発布されるまでの数十年間が、海賊あらため水軍の全盛期だった。数十年と聞いて驚かれる方も多いだろう。日本の海賊の歴史は長いが、彼らの活躍が中央まで知られるほどに華やかだった時代は、非常に短かったのである。

こうした歴史から、本書では、中世、特に戦国時代に海賊としてその名を知られた人々、天下を狙う諸国の大名たちの力強い海の援軍として活躍した水軍、いわゆる全盛期の海賊たちを取り上げ、その足跡をたどることにした。足跡をたどるといっても、何しろ十六世紀頃のことである。水軍はみな、急流に守られた小島や、はるか海のむこうを見渡せる小高い丘の上に城を築いていたが、今ではもちろん城跡などは残っていない。確かに現存するのは墓石がわりの五輪塔や石塔ぐらいのものである。

何も残ってはいないだろう……それは最初から覚悟していたことだった。だが、実際に現地に行ってみて、それは間違いだと気づいた。

あの、激しく世の中が動いた時代、あるときはある武将の味方をし、翌日にはその武将を攻める、といったためまぐるしい決断で、戦国時代をたくましく生き延びた名だたる海賊たち。その彼らが生き、愛し、英気を養った町を歩き、勇ましく武装して船出をしたであろう港に立ったとき、なんともいえない感慨が胸にこみあげてきたのだ。後世に残されていくものは、必ずしも形あるものばかりではない、ということを知った瞬間だった。

遠い昔、彼らはまちがいなくここで生き、ここに立って、キラキラと光る海を眺めていたことだろう。そしてその海は、六百年を経た今も、まるでその頃と何ひとつ変わらないように、キラキラと光っていた。

その一瞬の光にも似た海の男たちの生き様を、本書から感じとってもらうことができれば、望外の幸せである。

志摩　千歳

日本の海賊 写真紀　目次

第4章 東国の海賊

第1章 瀬戸内の海賊

中世瀬戸内の覇者、村上水軍

瀬戸内は昔から海賊のメッカとして知られている。元々は、税が払えず土地を離れた農民たちや、自分の土地を持たない海人たちが、中央の統治の届かない瀬戸内の沿岸や小島などに住み着いて海賊となったものである。彼らはしばしば瀬戸内を航行する船を襲って食料などを強奪するので、中央政府からたびたび海賊追討令が出されたが、なにぶんにもそれぞれの規模が小さく、小舟で自由に移動すること、なによりも急流で知られる瀬戸内の潮の流れを熟知していて追討軍の手には負えないこと、などから、政府にとって扱いにくい存在だった。

中世になって、その扱いにくい海賊の群れを組織し、統一する者が現れ、瀬戸内の海賊はあっという間に強大な一勢力となって政府を脅かす存在となる。村上氏の登場である。村上氏は南北朝時代に村上義弘が頭領となり、南朝の懐良《かねよし》親王を助けて頭角をあらわし、村上水軍の基盤を築いたと伝えられる。義弘は武勇に

「能島村上家伝来陣羽織（個人·村上水軍博物館所蔵）」

すぐれ、日本泳法のひとつである能島流泳法を考案するなどエピソードの多い人物なのだが、その生涯は謎が多く、村上水軍の伝説的存在となっている。

さて、その村上義弘が亡くなったあと、跡継ぎの絶えた村上家の遺産を受け継ぎ、村上水軍を再編成したのは南朝の重臣、北畠師清《きたばたけもろきよ》である。歴史の上では義弘が没するまでを『前期村上氏』といい、『後期村上氏』の祖を師清としている。この師清という人物は、たいそうな美男子だったということ以外にほとんど記述は残っていないのだが、重要なのはその後である。

彼には三人の孫ができたが、それぞれに瀬戸内の島を与えて分立させた。長男義顕《よしあき》を能島に、次男顕長《あきなが》を因島に、三男顕忠《あきただ》を来島に（次男と三男が逆という説もある）。ここに、世に知られる能島村上、因島村上、来島村上の三島《さんとう》村上氏が誕生するのである。……余談だが、師清だけでなく北畠氏は代々美男子の家系で、その血を引いて村上三家もいい男がそろっていたらしい（あくまで噂だが）。海賊だって人の子、美形にこしたことはないのだ。

三島村上氏はこの後、同族として助けあいながら瀬戸内の海全域を一族で掌握していくが、時代の流れとともに、さまざまな場面で、協力したり、離反したり、あるいは敵味方となって戦ったりしながら、それぞれの歴史をたどっていくことになる。

大島の亀老山北側の麓にある高龍寺は、村上水軍の祖といわれる村上義弘の菩提寺。かつては亀老山の中腹に大規模な伽藍を配していたが、火災により全焼。村上武吉によって現在の場所に移された。

下／亀老山の中腹にある宝篋印塔。村上義弘の墓と伝えられる。亀老山展望公園に向かう山道の途中に、「村上義弘公の墓、入口」の看板があり、矢印の方向へ小道をのぼっていったところにある。

大島のカレイ山展望台からの眺め。
大島と伯方島を結ぶ「しまなみ海道」の伯方・大島大橋。中継地点になっているのが見近島。伯方島に連なって見える後方の島は生口島。

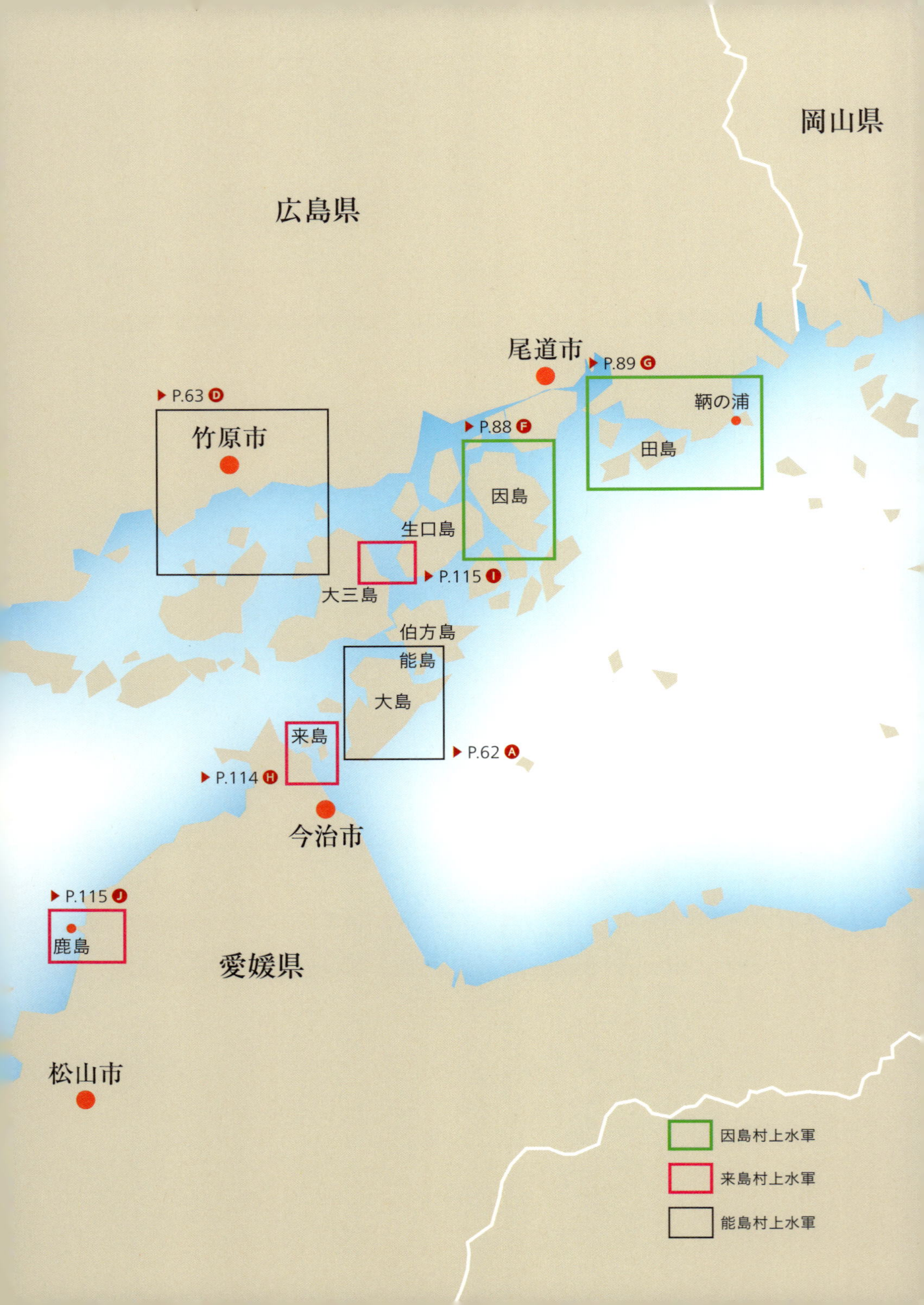

岡山県
広島県
尾道市
▶P.89 G
鞆の浦
田島
▶P.63 D
竹原市
▶P.88 F
因島
生口島
▶P.115 I
大三島
伯方島
能島
大島
来島
▶P.62 A
▶P.114 H
今治市
▶P.115 J
鹿島
愛媛県
松山市
因島村上水軍
来島村上水軍
能島村上水軍

村上水軍関連地図
広島市
甘日市市
▶P.62 B
宮島
厳島
岩国市
山口県
▶P.63 E
柳井市
浮島
周防大島（屋代島）
上関
▶P.62 C

『海の大名』村上武吉が築いた村上水軍の黄金時代

能島村上水軍（のしまむらかみすいぐん）

三島村上氏の中で、最初に日本の歴史に登場するのは能島村上氏である。貞和《じょうわ》五（一三四九）年、幕府の役人が伊予の弓削《ゆげ》島荘《しまのしょう》を訪れた際、荘側が『野島酒肴料』三貫文を支払った、という記述がある。つまり、弓削島荘は幕府の使節を受け入れるにあたって「野島」に酒肴料という名目で海上警護の費用を払ったらしい。この『野島』こそ、のちの能島水軍であり、能島村上氏がこの時期すでに瀬戸内でかなりの水軍力をもっていたことが伺える。

能島村上氏の本拠地は、伊予大島と伯方島《はかたじま》の間の狭い水路にある、能島という小島である。周囲を非常に速い潮流によって守られた天然の要塞で、島自体が城になっていた。現在、能島は無人の島だが、今も城の曲輪の跡などが残っ

ている。

さて、こうして早くから周囲の海賊たちを併合しながら一大勢力となっていった能島村上氏だが、その能力を最大限に発揮し、全盛期を迎えたのは、村上武吉《たけよし》とその子、元親《もとちか》・景親《かげちか》の時代である。

武吉は元々村上家の庶家の出であったが、宗家の跡継ぎでいとこでもあった義益《よします》と数度にわたる家督争いの末、勝利し、能島水軍の頭領となった。そして伊予大島

を中心とする芸予諸島の要所要所に砦や監視所を設け、堺から坊津まで、といわれる一大海上帝国を築き上げ、『海の大名』と呼ばれるようになる。
　村上武吉という人は、おそらく三島村上一族のなかでもっとも面白い人物だろう。天文十八（一五四九）年には大和守に任ぜられて足利将軍に忠誠を誓い、伊予国の大名であった河野氏に臣従し、また毛利氏をはじめ大内氏や大友氏にもしばしば助勢しているが、そ

村上武吉たちが暮らしていた大島・宮窪町の町並み。

の実、どこにも完全に属する事はなく、誰の家臣にもなることはなかった。他の二島、すなわち因島村上氏や来島村上氏が、生き残るために特定の大名との結びつきを強めていく中、生涯、独立自在な立場を貫き、自由に行動した人物だった。

瀬戸内を航行する船の安全を保証することで関税を徴収するなど、海上支配の確立に手腕を発揮した実務家だったが、一方で海上戦の達人でもあり、火薬玉を使ったり、小舟を自在に操って奇襲攻撃をかける合戦を得意とした。

武吉が水軍の将として最初に名を上げたのは、毛利元就が陶晴賢《すえはるかた》を敗った、弘治元（一五五五）年の『厳島《いつくしま》の合戦』である。陶軍二万人（三万人とも伝えられる）に対し、毛利軍の兵はわずか四千人。その圧倒的勢力の陶軍の陣地を、日本三大奇襲のひとつに数えられる奇襲作戦で次々と襲い、ついに壊滅させたのは、武吉率いる村上水軍の功績といわれている。

次いで永禄二（一五五九）年の毛利氏と大友氏の合戦でも毛利氏に味方してめざましい働きをした武吉だが、その後の元亀二（一五七一）年の毛利・大友の戦いでは、なぜか大友方につき、毛利氏に敵対。怒った毛利方は因島・来島の両村

上水軍に命じて能島城を攻撃させ、能島村上氏はこのときはじめて窮地に立たされた。武吉と毛利のにらみあいはこの後しばらく続くが、天正二（一五七四）年、ようやく和解。その後の武吉は二度と毛利氏に楯突くことはなかった。

良くも悪くも興味深い武吉の生き様だが、のちに天下をとった秀吉に疎まれたため、晩年は不遇だったようだ。天正十六（一五八八）年、秀吉が海賊禁止令を発すると、武吉は子らとともに海上特権をすべて奪われ、さらに航行する船から関税を徴収したことが禁止令に違反するという理由で、厳罰を命じられた。懇意だった小早川隆景らのとりなしで切腹は免れたものの、瀬戸内海での居住を禁じられ、北九州や長門、安芸竹原などを転々としたのち、周防大島（屋代島）に落ち着いた。ここに日本最大の海賊と呼ばれた能島村上水軍は、その華麗なる歴史を閉じたのである。

武吉の後を継いでいた長男元吉は、その後、関ヶ原の戦いで伊予松前城の攻撃を命じられて伊予の三津浜に上陸したが、その日の夜、敵方の夜襲を受けてあえなく戦死した。

四年後の慶長九（一六〇四）年八月、周防大島にて村上武吉、没。七十一年のドラマティックな生涯だった。

武吉亡き後、能島村上氏は、次男景親と元吉の子・元武が毛利氏の水軍として仕え、瀬戸内の風雲児・武吉の血はその後も脈々と受け継がれていった。

大島のカレイ山展望台から見た能島（手前左）と鯛崎島（手前右）。能島の周囲を潮流が渦巻いているのが見える。

天然の要塞島、能島城跡

国指定史跡

能島村上氏の本拠地、能島。瀬戸内海の真ん中あたり、大島と伯方島との間にあり、現在は城跡だけが残る無人島である。能島が位置する宮窪瀬戸は急流で知られ、最大で十ノット（時速約十八キロ）の渦巻くような潮流がうねり、激しいところでは滝のごとく段差を成して流れる。天然の要害である。

能島村上水軍はこの能島と隣の鯛崎島を橋で結び、両島とも島全体を城郭化していた。能島城は、島全体を三段に区切り各段を平坦にして曲輪《くるわ》を形成している。城の構造はシンプルで、山城にあるような土塁や堀切はないが、本丸、二の丸、三の丸、出丸などがあり、中世の水軍の城としてはかなり大規模なものだ。また、鯛崎島との間にある岩礁には大掛かりな桟橋の跡が見られ、干潮時には船を係留したであろう無数の残された丸い柱穴を見ることができる。かつてはこの城が、三島村上水軍の鎮守府的な存在だっ

海から見た能島全景。右隣につながって見えるのが鯛崎島。

た。ただ、この島には水がなく、近くの鵜島などから運び入れていたようだ。昭和の初めに宮窪村の有志により島全体に桜が植えられ、春になると桜の花が島じゅうを埋め尽くす。

DATA

住所｜愛媛県今治市宮窪町能島
交通｜無人島なので通常、定期船等の便はないが、毎年、桜まつりの二日間はシャトルの船便が出ている。

1

「潮流体験船船着場」一時間間隔で出航している。

宮窪の瀬戸。能島は激しく渦巻く潮流に囲まれた天然の要塞だった。

3

能島 潮流体験

潮流体験船

大島の村上水軍博物館の前から、体験型観光として潮流体験の観光船が出ている。能島で下船することはできないが、間際まで船を近づけてくれる。月曜を除く毎日、午前9時から4時まで1時間間隔で出航。所要時間は約40分。一般1,000円、小学生500円、未就学児は無料。チケット購入は博物館前の物産館兼魚食レストラン『能島水軍』で。

2

40人乗りの「潮流体験船」

4

鯛崎島。
かつては能島と橋で結ばれ、
ここにも城郭が築かれていた。

5

能島に近づく。
かつて海の要塞と呼ばれた島も
今は静かな無人島だ。

6

能島の船着き場にある
案内板。
城跡の見取り図と
位置説明が書かれている。

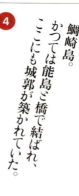

◉海賊コラム

海賊の軍船、安宅船《あたけぶね》と小早船《こばやぶね》

安宅船

安宅船は指揮官が乗る船で、千石以上二千石積級の巨大な船だった。速度はあまり出ないが数十人のこぎ手がいたので小回りが利き、一つの船に数十人あるいは百人以上の兵が乗ることができた。船首から船尾まで総矢倉として厚い板で装甲され、装甲には各所に矢や鉄砲を撃つすきまがあった。また戦闘の際、素早く敵船に乗り移れるよう側面の縦板が外側に倒れ、船の橋渡しができるような作りになっていた。さらに船底には防水区画が設けられ、船が部分的に壊れても他の箇所に浸水が及ばないような工夫がされていた。

小早船

とがった船首と細い船体をもつ船で、巨大な安宅船と違い、軽快な機動力が持ち味。戦略次第で敵の大きな軍船を打ち負かすこともできた。村上水軍は速くて動きやすいこの船を多用していた。これの別名、あるいはもう少し大きいものを関船《せきぶね》と呼んだ。

上／安宅船の模型。下／小早船の模型。
上下とも村上水軍博物館展示品

今治市村上水軍博物館
今治市の市営で、全国初の海賊に関する博物館。村上水軍ゆかりの貴重な文献や出土品を集めて展示している。

DATA

住所｜愛媛県今治市宮窪町宮窪 1285
開館時間｜午前９時から午後５時まで
休館日｜毎週月曜日（祝祭日を除く）
常設展示観覧料｜一般…300 円、学生…150 円、18 歳未満…無料

上／レストラン能島水軍
下／看板料理の海鮮丼

DATA

住所｜愛媛県今治市宮窪町宮窪 1293-2 村上水軍博物館前
営業時間｜午前 11 時～午後 4 時
休日｜月曜日（祝日の場合は翌日）

海賊料理を味わう その1

魚食レストラン『能島水軍』

「宮窪の瀬戸の激しい潮の流れの中に育った魚を食す」をスローガンに、生きのいい魚料理を食べさせてくれるレストラン。潮流体験船はこの店の裏の船着き場から出ているので、船待ちの間や下船後に利用すると便利だ。海鮮丼が看板料理のようだが、唐揚げや焼き魚の定食もおいしい。店内は広々としていて気の置けない大衆食堂の雰囲気。

『厳島の合戦』と村上水軍

九州・中国を実効支配していた大内氏が天文二十（一五五一）年に家臣の陶晴賢《すえはるかた》に滅ぼされてから、毛利元就は、陶氏に従うべきか、それとも大内氏の恩義に報いて陶氏を討つべきか悩んでいたが、ついに陶氏討伐を決意する。

しかし、当時の陶氏の兵力は二万人以上、対する毛利軍はわずか四千人で、まともな戦では勝ち目はない。そこで元就は弘治元（一五五五）年、厳島の要害山に囮の城である宮尾城を築き、陶軍を厳島に誘い込むことに成功した。またこれに先立ち、厳島周辺の制海権をもつ村上水軍の協力を要請し、約定をとりつけていた。

陶軍は九月二十一日、厳島の大元浦に二万の大群を率いて上陸、二十三日より宮尾城に総攻撃を仕掛けた。だがこの城は三方が海に面した岬にある要塞でなかなか落城せず、しかも上から岩やら石やらを投げられて大損害をこうむる始末。陶軍は攻撃をやめて兵糧・水断ち戦法に切り替えた。

一方、元就は宮尾城が激しい攻撃にさらされているのを知りながら、渡海せず、待っていた。他ならぬ村上水軍を、である。約束したとはいえ村上水軍はど

こにも属さない独立部隊。陶方からも協力要請があったという話だし、いざとなれば陶方につくこともないとはいえない。この戦いは水軍力で決まる、と考えていた元就は、何が何でも村上水軍の協力が必要だった。待ちに待って、もはやこれまでとあきらめたそのとき、やっと村上水軍が到着した。元就の喜びは想像に難くない。

そして二十九日夜、にわかに天が急変した暴風雨のなか、元就は三千の兵と共に厳島の裏側、包ヶ浦に上陸。また小早川と村上水軍による別動隊は海岸沿いに迂回し、有ノ浦に上陸して宮尾城に合流した。翌朝、毛利軍は包ヶ浦と塔ノ岡の両方から一斉攻撃を開始、不意打ちをくらった陶軍は逃げ場を失って総崩れとなり、陶晴賢も追いつめられて自刃した。この歴史に残る激闘で、陶軍の戦死者数は四千七百人にのぼった。

この戦いは日本三大奇襲作戦のひとつに数えられている。※

※厳島の合戦への村上水軍の参戦には諸説あり、三島すべてが参戦したという説もあれば、能島と来島が参戦して因島は来なかった、或は参戦したのは能島と因島で来島は傍観していた、などさまざま。能島の村上武吉が活躍したことだけは確かなようだ。だがいずれにしても、この戦いに村上水軍が駆けつけていなければ陶軍の総崩れはなかったろうし、毛利の勝利もなかったかもしれない、という見方は一致しているようだ。

日本三景のひとつ、宮島と厳島神社の大鳥居

宮尾城の城郭跡

宮尾城跡からの眺め

上／要害山に登る石段。登り口に案内板がある。下／宮尾城（宮ノ尾城ともいう）跡。今は『今伊勢神社』という小さな社がある。

国宝の厳島神社。現在の本殿は 1571 年、毛利元就によって改築されたものだ。

村上水軍が上陸したといわれる有ノ浦の海岸。今は白砂の美しいビーチである。

町屋通りの古い町並み

海面にそびえる厳島神社の朱塗りの大鳥居。高さ 16m。主柱は樹齢 500 年をこえるクスノキで作られている。

能島村上氏の水軍城があった上関《かみのせき》

上関はかつて竈戸関《かまどのせき》と呼ばれ、下関（長門赤間関）、中関（周防中関）と並んで周防灘の三関のひとつだった。上関海峡は古くから都と九州を結ぶ海上交通の拠点であり、瀬戸内海の交通上も、西端の要衝として重要であったことから、十五世紀の半ばにはすでに能島村上水軍の村上義顕《よしあき》がここに城を築いていたといわれている。

上関城の兵たちは、この城から関を見張り、通行する船から帆別銭《ほべつせん》や荷駄銭《にだせん》を徴収して免符《めんぷ》を発行していた。

天文二十（一五五一）年、将軍への献上米を積んだ陶晴賢《すえはるかた》の廻船が、宇賀島《うかしま》水軍※の警護のもと、この決まりを無視し、上関城を銃撃しながら通過するという事件が勃発した。城ではすぐに三島の各村上氏に早船を送り、あっという間に村上全軍から兵船がかけつけて安芸蒲刈《がまかり》の瀬戸で迎撃した。

この事件のあとも村上・宇賀島の両軍では長くいさかいが続き、このことが、厳島の合戦で村上水軍が陶氏の協力要請を断り、毛利側についた要因になったといわれている。

上関大橋から見る上関の町。NHK 朝の連続ドラマ小説『鳩子の海』の舞台にもなった。

永禄十一（一五六八）年に毛利氏の家臣・児玉某が武藤氏にあてた書状の中に「このたび、武吉が上関在番になり云々」とあり、この時期に武吉も上関に在城していたことがわかっている。上関は能島村上氏にとってかなり重要な拠点だったようだ。

天正十六（一五八八）年、秀吉の海賊禁止令により、村上氏が海上支配権を失い、上関城は廃城となった。

※ 宇賀島水軍……周防大島の北にある小島・浮島《うかしま》を根拠地としていた海賊。厳島の合戦で陶軍について参戦したが敗北。その後、毛利・村上軍により徹底的に討たれ全滅した。

風光明媚な上関海峡。かつてはここを遣唐使や遣隋使、さらには参勤交代の大名たちや商人の北前船なども通過した。

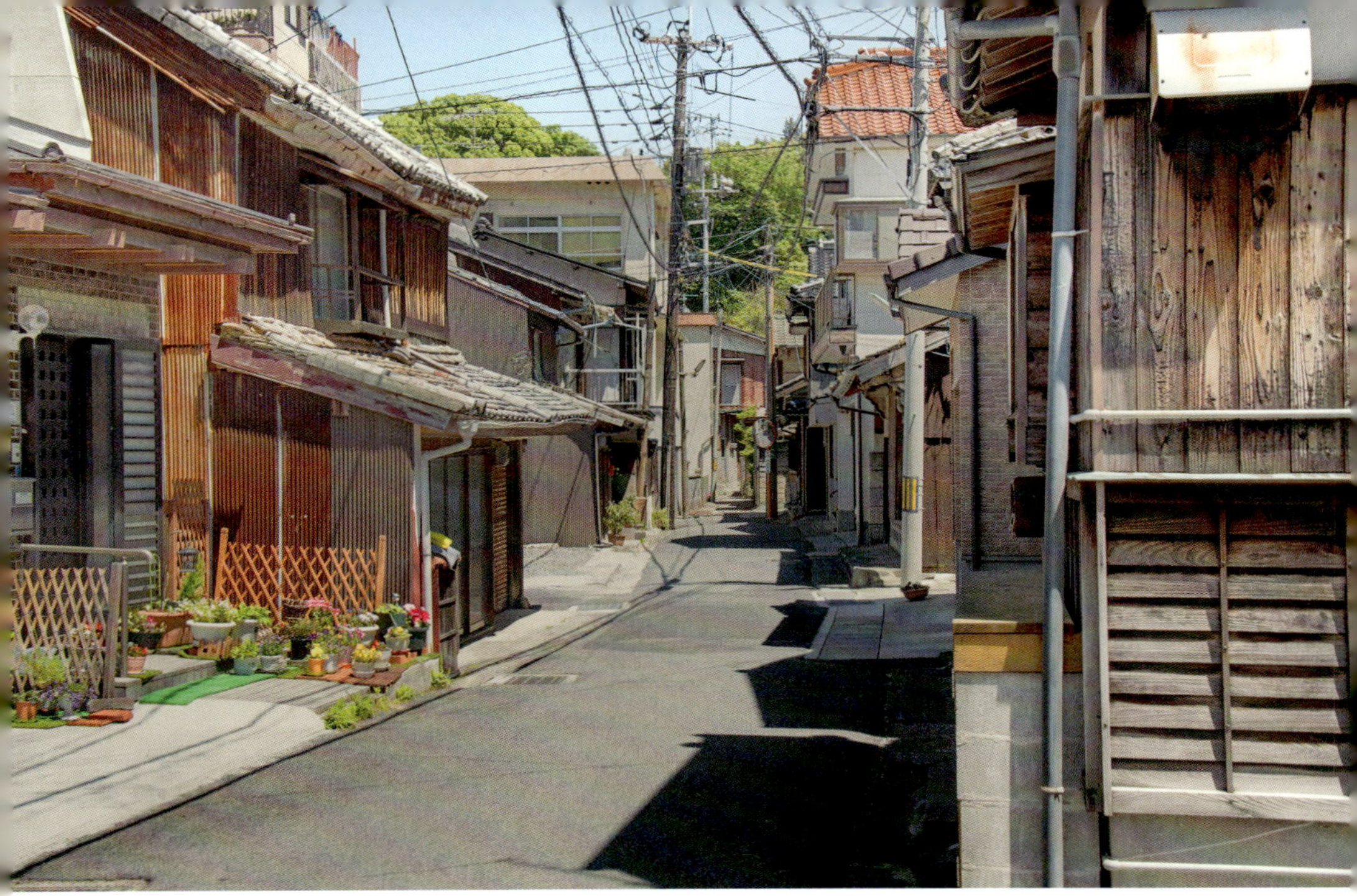

村上一族や兵たちが住んでいた上関の町並み。道幅が狭く、木造の家々がびっしりと建ち並び、旧街道を思わせるノスタルジックな雰囲気。

今はのどかな風景をみせる上関漁港。

村上氏の『丸に上』マークがあざやかな山門。

城の下方にある物見櫓から見る下関海峡。兵たちはここで通過する船を見張っていた。

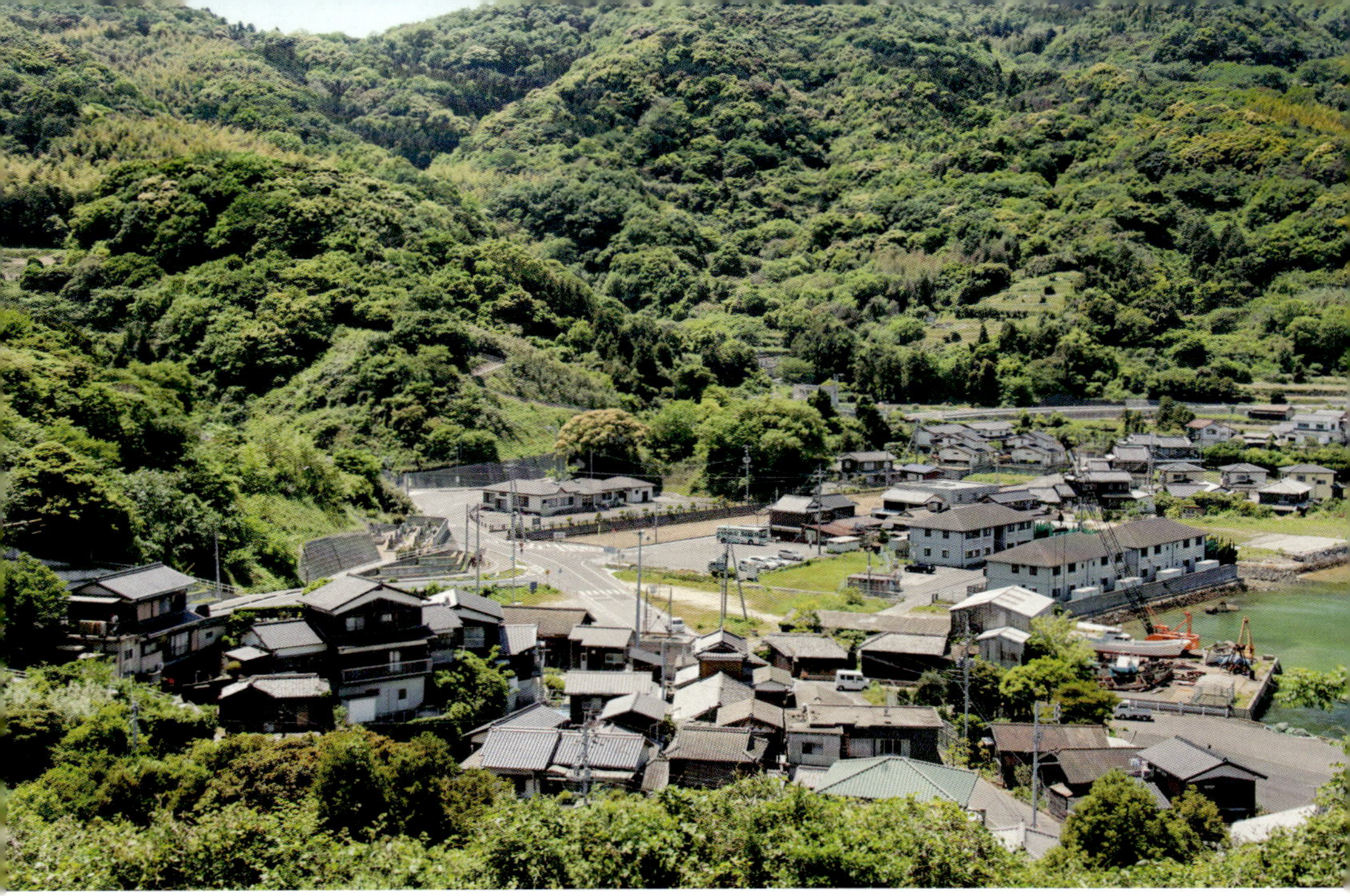

城山からの眺め。上関の町が一望できる。

境内には、能島村上氏の子孫で毛利氏の船手組頭だった村上広武が先祖を追慕して奉納した石灯籠がある。

城山の麓にある城の鎮守、菅原神社。気をつけていないと通り過ぎてしまうくらい小さな社である。

武吉、元吉父子の最後の拠点となった竹原

村上武吉とその嫡男・元吉は、毛利氏が秀吉の政権に呑み込まれていく中、唯一、秀吉の軍門に下ることを拒否し、毛利氏傘下で長年結びつきの深かった小早川隆景《たかかげ》のもとに身を寄せて最後まで抵抗を続けた。秀吉は怒り、隆景に父子の首を差し出すよう命じる。だが隆景はそれに応じず、あくまでも武吉父子をかくまい続けた。そして二人を自分の領地だった竹原の地に移らせ、鎮海山城《ちんかいざんじょう》を築城して能島村上水軍の城とした。ここがふたりにとって最後の城となる。

関ヶ原の合戦の際、元吉は失地回復の夢をかけて伊予の加藤嘉明《よしあき》の領地松山に攻め込むが、加藤の家臣、佃十成《つくだかずなり》の術中にはまり、油断して酒盛をしているところへ急襲をかけられ、あえなく討ち取られてしまう。主を失った能島村上水軍は、戦うことなく敗れて竹原に逃げ帰った。

慶長六（一六〇一）年、毛利氏が防長に移封されると、武吉らも竹原を退去し、その後は周防大島に領地を与えられ、そこで余生をおくることになる。

武吉と元吉の最後の城となった鎮海山城跡。『道の駅たけはら』から見ると、川ごしに城山全体が見える。こんもりとした小さな山で、現在は周囲に家々が建ち並んでいるが、竹原の町は江戸時代の干拓地で、戦国期には海であり、鎮海山城は海城だった。

村上元吉の墓入口の案内板。『道の駅たけはら』から川に沿って少し歩いた路地の角地にある。

村上元吉と村上水軍の墓。山の斜面にあり、下の方にある墓は土がくずれて傾いている。

鎮海山から竹原の町を眺める。今は住宅が密集しているが、武吉の時代に父子が眺めた景色は、すべて海だった。

安芸の小京都と呼ばれる、しっとりとした竹原の町。江戸時代の家並みがそのまま残っており、町並み保存地区に指定されている。

ほり川
珈琲

海賊の総大将・村上武吉が眠る周防大島《すおうおおしま》

伊予三津浜の戦いで嫡男元吉を失った武吉のショックは大きく、それ以降、自由奔放で怖いものなしだった頃の姿は影をひそめ、すっかりおとなしい老人になってしまったらしい。

最後まで武吉を目の敵にしていた秀吉が死に、逃げ隠れする必要はなくなったが、武吉自身もうかつてのような元気はなく、毛利氏に従って長州入りし、この周防大島（屋代島）に領地を与えられて和田集落に能島村上の家臣団とともに移り住んだ。

武吉は隠居し、当主は次男の景親《かげちか》となっていた。だがすべての家臣を養い続けることは難しく、その多くは次々に瀬戸内の島々に戻って漁師や農民となっていった。

景観が能島に似ていることから選んだということの和田の郷で、慶長九（一六〇四）年、武吉は享年七十二歳でこの世を去った。希代の海の英雄、日本一の海賊の総大将といわれた男は、生まれ育った島とは異なるこの島で、同じ瀬戸内の海を眺めながら、何を思って余生をおくっていたのか。晩年は出家して内入《うちのにゅう》集落の了浄院で仏教に帰依したと言い伝えられている。

内入集落の山のふもとにある了浄院あらため元《げん》正《しょう》寺《じ》。寺の名は武吉の戒名『大《だい》仙《せん》寺《じ》殿《でん》覚《かく》甫《ほ》元《げん》正《しょう》居《こ》士《じ》』からとったとされる。

元正寺から内入の村を眺める。

武吉の墓（宝篋印塔）。裏手には三年後に亡くなった妻の墓もある

内入集落から海に沿って、武吉が暮らしていた隣村、和田集落へと続く一本道。

和田集落にある村上家の菩提寺、正岩《しょうがん》寺《じ》。ここには武吉の次男・景親とその子孫、和田村上氏の代々の墓がある。

和田集落の家並み。晩年の武吉は、どことなく能島に景観が似ているこの村を愛した。

C上関

A大島・能島

B厳島

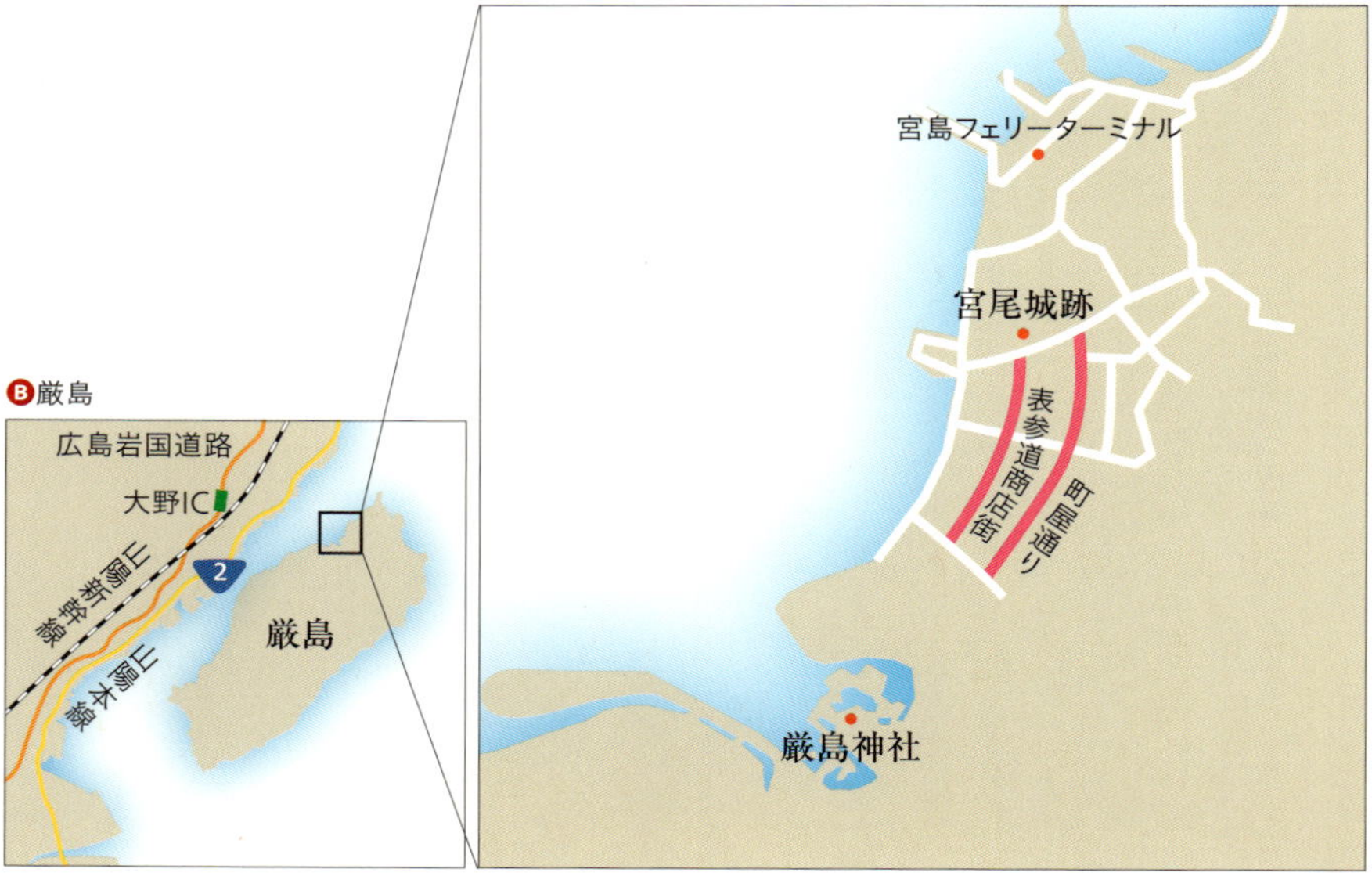

能島村上水軍関連地図

Ⓓ竹原

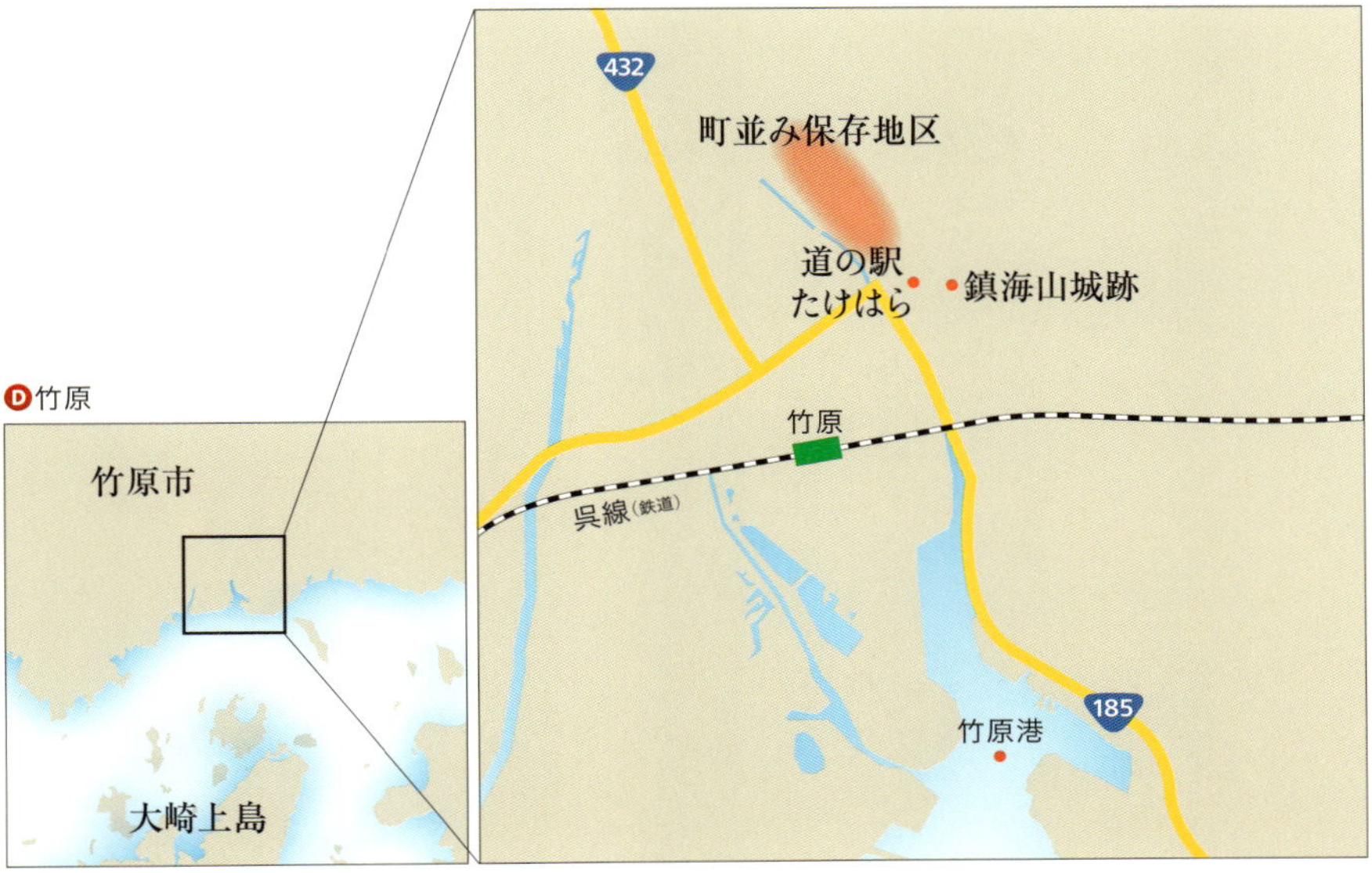

Ⓔ周防大島

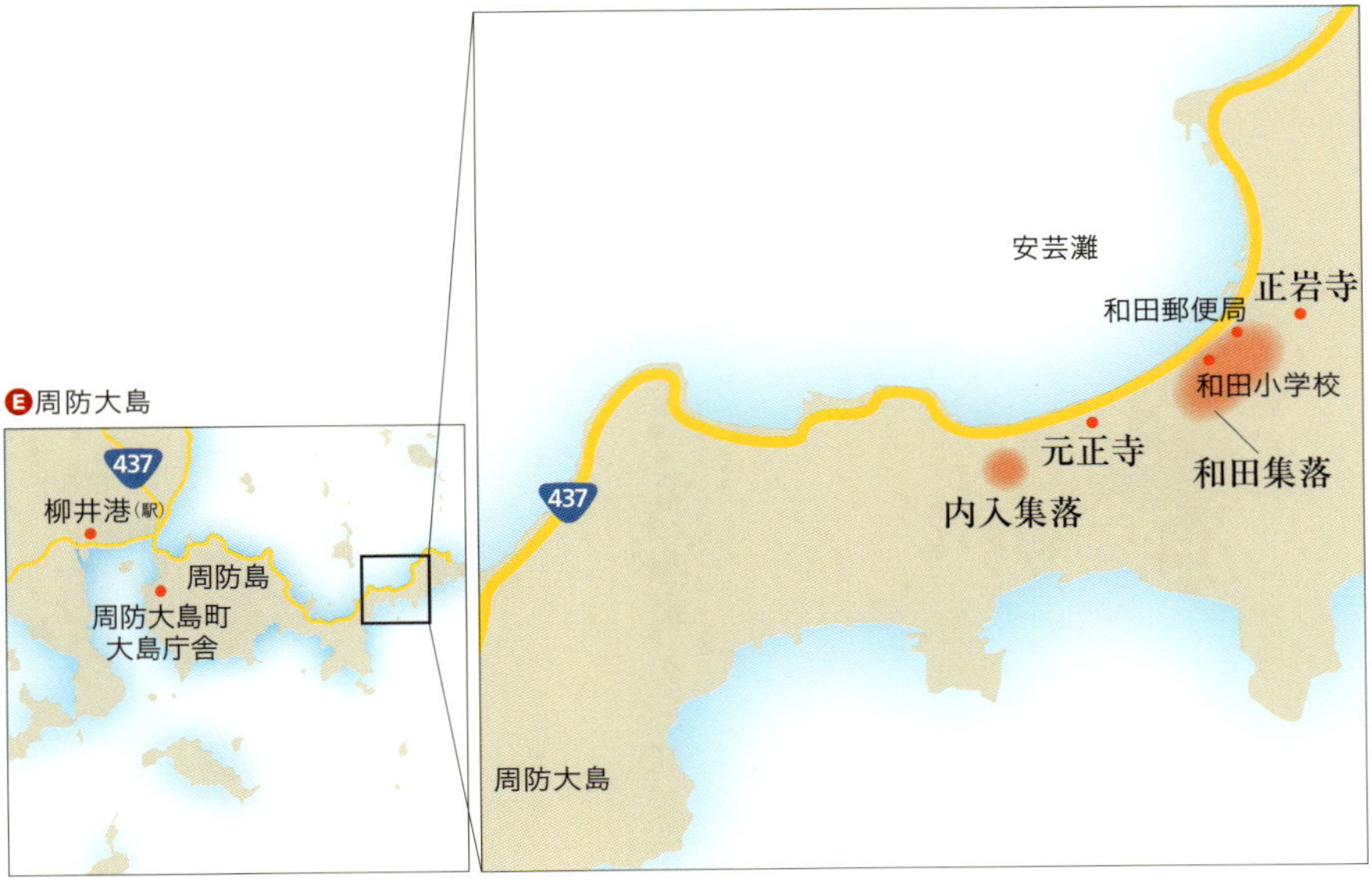

因島村上水軍（いんのしまむらかみすいぐん）

終始一貫して毛利氏に忠誠を誓った因島村上一族

能島村上氏から遅れること約八十年。応永三十四（一四二七）年に、北畠師清の子義胤《よしたね》の次男で、備後国因島の中庄（現在の因島市中庄町）を本拠地として因島村上氏を立ち上げた顕長《あきなが》（のちに村上備中入道と称した）が歴史に登場してくる。

播磨の赤松満祐《みつすけ》が幕府に謀反を起こした際、顕長は備後守護の山名氏の要請に応じて討伐に参加し、その功により備後多島（現在の広島県内海町田島）の地頭職を与えられている。

二代目の吉資《よしすけ》もまた、父親譲りのリーダーの資質の持ち主で、宝徳元（一四四九）年、伊予国越智郡の佐礼城《されじょう》攻略で戦功を賞され、その四年後には幕府管領細川勝元の命により、伊予国守護の河野氏の護衛を任じられるなど、瀬戸内の雄として中央政界にも一目置かれていたようだ。三島村上氏の中での因島の特徴をあげるとすれば、かなり早くから海上警護の技術に長けた集団で、状況に応

じて条件を提示しては各地の大名の護衛や警護を請負い、信頼を得ていた、ということだろう。

当時の因島村上氏の総禄高は三万貫を超えていたようで、江戸時代の石高に換算するとなんと十五万石以上に匹敵する。海賊としては大変な収入である。因島村上氏のパワーは、すでに十五世紀半ば、吉資の時代に確立されていたといえよう。

そのパワーをさらに強固にしたのが、戦国時代、第六代の当主となった新蔵人《しんくらんど》吉充《よしみつ》である。吉充は一五五五年の『厳島の合戦』の際、毛利氏に味方して能島の村上武吉とともに戦い、毛利軍の大勝利に貢献し、備後国向島一帯（現在の尾道市辺り）の知行を許された。

続く永禄二（一五五九）年から二年続いた毛利氏と大友氏の戦いでも、浦元勝に従って大活躍し、大友軍を撃退。さらに天正四（一五七六）年、石山本願寺を封鎖した織田信長と対立していた毛利氏に加勢して『木津川海戦』に参戦。得意の火矢戦法をもって織田水軍を壊滅させ、織田軍の兵糧攻めに苦しんでいた本願寺に兵糧米を運び込むことに成功した。

このように因島村上氏は、能島の村上武吉とは異なり、終始一貫して毛利氏に忠誠を誓い、いざ出陣の際は一族郎党を率いて全力で戦ったので、毛利氏の信任は厚く、恩賞として備後国や周防国に幅広く領地を与えられた。

だがこれほどの勢力を誇った因島村上氏も、秀吉の『海賊禁止令』には逆らえず、海上で活躍することはできなくなる。彼らにとってさらに不運だったのは、頼る毛利氏が『関ヶ原の合戦』で西軍の総帥となったことだ。このとき吉充は弟の吉忠を名代として、毛利輝元の指揮で伊予松前城を攻めたが、敵の夜襲を受けて全滅し、能島の村上元吉とともに戦死。西軍の敗戦により毛利氏も罪を問われ、長門と周防以外の領土をすべて没収されたため、村上吉充も因島を退去せざるをえなかった。

吉充は、一度は毛利氏とともに長門に移住したが、知行は千八百石しかもらえず、新天地にもなじめなかったようで、鬱々と暮らしていたが、結局、また因島に戻り、そこで亡くなった。

だが一族は毛利家家臣団として長門に残った。そしてその子孫は、能島村上氏の子孫とともに、代々毛利藩の船手組番頭を世襲してつとめ、明治維新を迎えた。

十数ヶ所の水軍の城跡がある因島

因島村上水軍の本拠地・因島（広島県尾道市）は、海賊衆の拠点がそこかしこにあった瀬戸内の島々の中でも、際立って数多くの水軍の城跡が残る島である。総面積三十三平方キロ、外周百二十六キロメートルのほぼ全島にわたって、海に面した小高い見晴らしのよい場所に、十数カ所におよぶ城跡がある。城といっても戦国期のことだから、石垣をめぐらした小さな砦といったようなものだったが、これらを拠点にして村上氏は近海の制海権を握っていった。

本城は島の中央よりやや南西の青影山の頂上にある青陰城。その他はみな海に突き出した海城で、東海岸には幸崎《さいざき》城跡、一の城跡、千守《ちもり》城跡、美可崎《みかさき》城跡、南端には長崎城跡、西海岸には竹島城跡、島前城跡、また北方には馬神《うまかみ》城跡、青木城跡などがある。

まさに水軍城の宝庫、といった感じだが、能島や来島が秀吉の海賊禁止令以降、海賊としての活動を完全に停止

していったのに比べ、因島だけは近世の幕藩体制の中でも脈々と水軍の伝統を維持し続けた。そして明治維新ののちは海運業に進出し、ピーク時は造船量全国一を誇る造船の島として知られた。

DATA

住所｜広島県尾道市因島中庄町 3222
開館時間｜午前 9 時半から午後 5 時まで
休館日｜毎週木曜日（祝祭日を除く）
入場料｜一般…310 円
小中学生…150 円

因島水軍城

昭和 58 年に築城された、日本で初めての水軍城資料館。本丸には、村上吉充の画像や水軍旗、村上氏が愛用していた日用品や古文書をはじめ、水軍船の模型、武具類など、村上水軍ゆかりの品々が数多く展示されている。

上／因島水軍城のふもとにある因島村上氏の菩提寺、金蓮寺《こんれんじ》。因島村上氏第二代当主・村上吉資《よしすけ》の時代に建立された。境内の墓所には、村上水軍の墓がある。

下／金蓮寺の境内にある村上水軍の墓。村上吉充をはじめとする因島村上氏の一族およびその家臣の宝篋印塔十八基や、多数の五輪塔、墓石群が並んでいる。

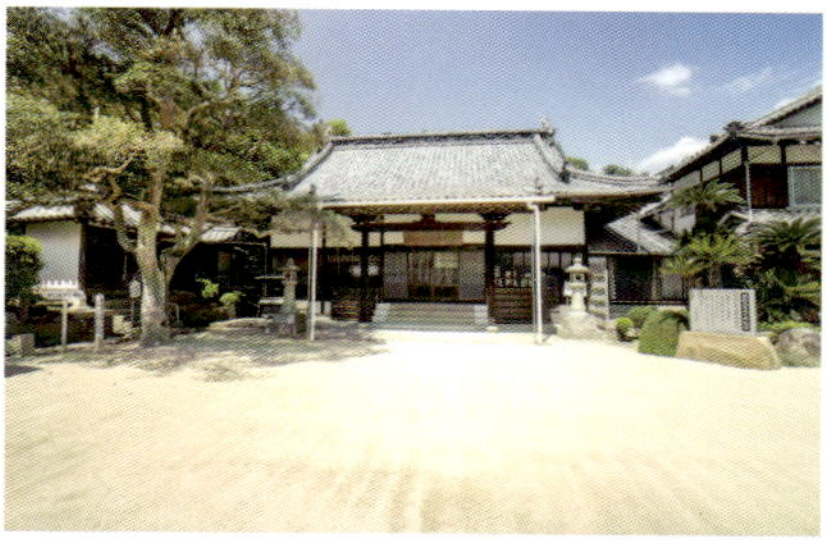

因島村上氏の本城だった青陰城跡。島の最高峰である標高 277 メートルの青影山の頂上にあり、元は戦国の山城で、本丸や二の丸などの城郭があった。元弘年間に村上義弘が居城としてから、慶長元年に十代目当主・村上吉亮《よしすけ》が亡くなるまで約 260 年間、村上水軍の居城だった。

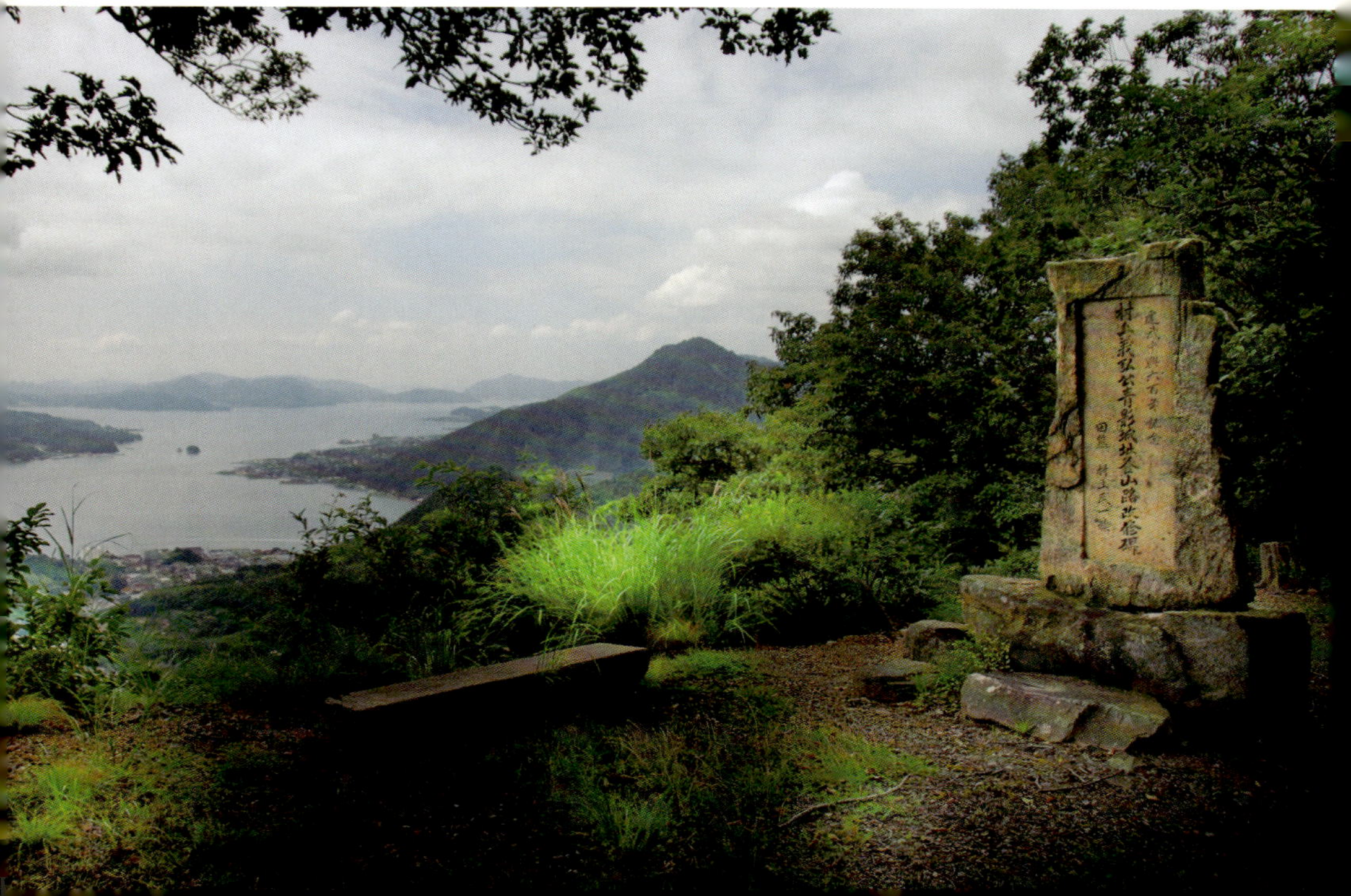

島の北方、重井町の龍王山山頂にある青木城跡。永禄10（1567）年、村上新蔵人吉充が本城とし、慶長5（1600）年まで続いた。標高50メートルの低い山城だが、三原瀬戸、和布刈《めかり》瀬戸、備後灘まで見晴らせる絶好の立地にある。

重井町西港から見る馬神《うまかみ》城跡。馬神城は因島の最北端にある城で、吉充の側用人頭・末永右馬介景光の居城だった。

青木城や馬神城のあった重井町の町並み。村上一族や家臣たちが数百年にわたって暮らした町である。今も窓に漆喰をほどこした古い民家がたくさん残る、静かで風情のある町だ。

島の東海岸にある幸崎《さいざき》城跡。村上吉房の居城だった。現在は齋島《いむしま》神社になっていて、神社の参道入口に『幸崎城』と書かれた案内板がある。

椋浦《むくのうら》の町並み。村上氏と因縁の深い小早川氏の屋敷があった。

島の南西、現在市役所のある場所から約350メートル沖合に浮かぶ竹島（亀島）。ここは島城で、村上直義《なおよし》を城主とする竹島城があった。今は無人島で定期船等は出ていない。

美可崎《みかさき》城跡。島の南東、三ケ崎の先端にある標高56メートルの小さな城跡。ここに城郭が築かれたのは室町中期といわれ、因島村上氏の支配時代には金山《かねやま》康時《やすとき》が奉行となって備後灘を見張り、航行する船から帆別銭や荷駄銭を徴収していた。

右／東海岸にある千守《ちもり》城跡。燧《ひうち》灘《なだ》に面して建ち、眺望の素晴らしい場所だ。千守城は南北朝時代には竹原小早川氏の居城だったが、村上水軍の時代になってからは村上氏家臣の篠塚貞忠《しのづかさだただ》が城主となっていた。
下／千守城跡から燧灘をのぞむ。

◉水軍のまつり

海賊たちの勇姿を伝える「因島水軍まつり」

因島水軍まつりは、地元因島を拠点に活躍した村上水軍の雄姿を現代に蘇らせ、先人に感謝するための祭りである。三十年以上前に「ちびっこ水軍まつり」としてスタートしてから、地元の青年たちの手で少しずつ規模を拡大してきた。今では瀬戸内の島しょ部を代表する祭りのひとつとして遠方からも多くの観光客が訪れる。

祭りは「島まつり」「火まつり」「海まつり」の三部構成になっていて、毎年七月から八月のうちの三日間を使って行われる。「島まつり」では武者の扮装をした参加者たちが村上水軍の菩

左／水軍まつりの序盤には因島に古くから伝わる「三庄けんかみこし」が披露される。
右／夜風にはためく村上水軍の幟。「火まつり」は日が暮れてからが本番だ。

提寺である金蓮寺に集い、出陣式と称して祭りの成功を祈願する。「火まつり」は夜の浜辺を舞台にした松明の祭り。三部構成のクライマックスとなる「海まつり」は、村上水軍が伝令船として使用した木造船「小早船」による競走レースがメインイベント。漕ぎ手十四名、舵取りの船頭、太鼓を打つ人の計十六人が乗り込み、熱い戦いを繰り広げる。

二〇一四年八月三十日、編集部では「火まつり」を取材した。かつて村上水軍は海での戦いを終えて島に帰還する際、船上から凱旋の太鼓を打ち鳴らし、島の住民に勝利と無事を知らせたという。その太鼓に合わせて、住民が踊りながら水軍を迎えたという言い伝えを現代に復活させたのが「跳楽舞《ちょうらくまい》」。市内の団体による踊りのコンテストが行われ、幼稚園児からお年寄りまで、各チームが思い思いの衣装と振り付けで創作ダンスを披露する。松明の炎に赤々と照らされた夜の浜での水軍陣太鼓、鎧武者入場、大松明練りまわしも圧巻だ。どの行事からも、参加者やスタッフの並々ならぬ熱気が伝わってくる。

かつては地域を守り治める存在として、今は地域をつなぐシンボルとして、今も昔も、因島の人々にとって村上水軍はなくてはならないものなのだ。

潮待ちの港・鞆《とも》の浦に築かれた難攻不落の城

福山市の鞆の浦は古くから潮待ちの港として知られ、また瀬戸内国立公園にも指定されている風光明媚な地である。この鞆の港の入り口、燧灘《ひうちなだ》に突き出した陸続きの島の先端に、村上水軍の鞆の浦一帯の拠点だった大可島城《だいがしまじょう》跡がある。

もともとこの城は鎌倉末期あるいは南北朝時代の初期に築城されており、正平四（一三四九）年、足利尊氏の弟直義の養子・直冬《ただふゆ》が中国探題として入城したが、直義が尊氏と対立したため幕府軍に攻められ九州に敗走。こののちしばらく、大可島城は歴史の表舞台から姿を消している。

大可島城が再び歴史に登場するのは戦国時代。備後は大内氏の支配となる。そして天文十三（一五四四）年、大内氏は因島村上氏の村上吉充にこの大可島城を与え、吉充は弟の村上亮康《すけやす》を城主とした。亮康は天正十九（一五九一）年、秀吉政権に鞆を没収されるまで大可島城主をつとめ、『鞆氏』または『鞆殿』

大可島城跡。現在は円福寺という寺になっている。

と呼ばれた。

大可島は戦国期までその名のとおり鞆港の沖合に浮かぶ小島で、ここは島城だった。水上交通の要の場所であり、しかも周囲を海に囲まれた大可島城は、難攻不落の城だったに違いない。だが関ヶ原合戦の後、福島正則がこの地に鞆城を築いた際に埋め立てられ、大可島は陸続きとなり、城は廃城となった。

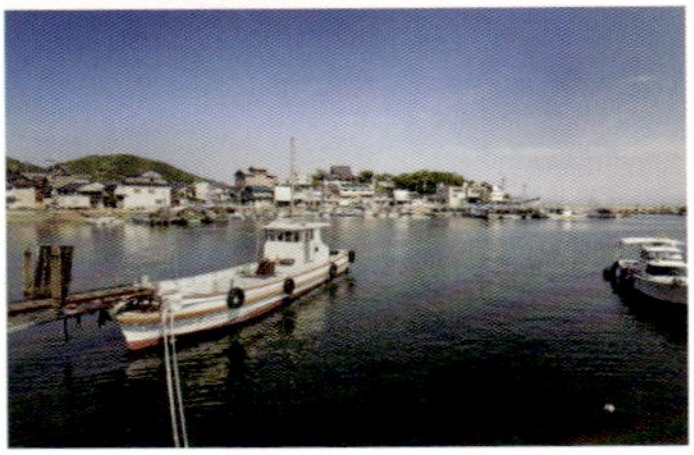

鞆の浦港。昔から潮待ち、風待ちの港として万葉集にもうたわれた名勝である。

城跡に立つ円福寺。

上 / 猫、ねこ、ネコ。鞆の浦はネコの多い港町。どこへ行ってもネコたちが我が物顔で町を闊歩している。
下 / 鞆の浦のシンボル、常夜燈。安政 6（1859）年に建造された。基礎石から宝珠までの高さは 5.7 メートル。下の亀腹型の石積みまで加えると 10 メートル以上になる。

鞆の浦の町。幕末から昭和初期にかけての町並みがそのまま残っている。

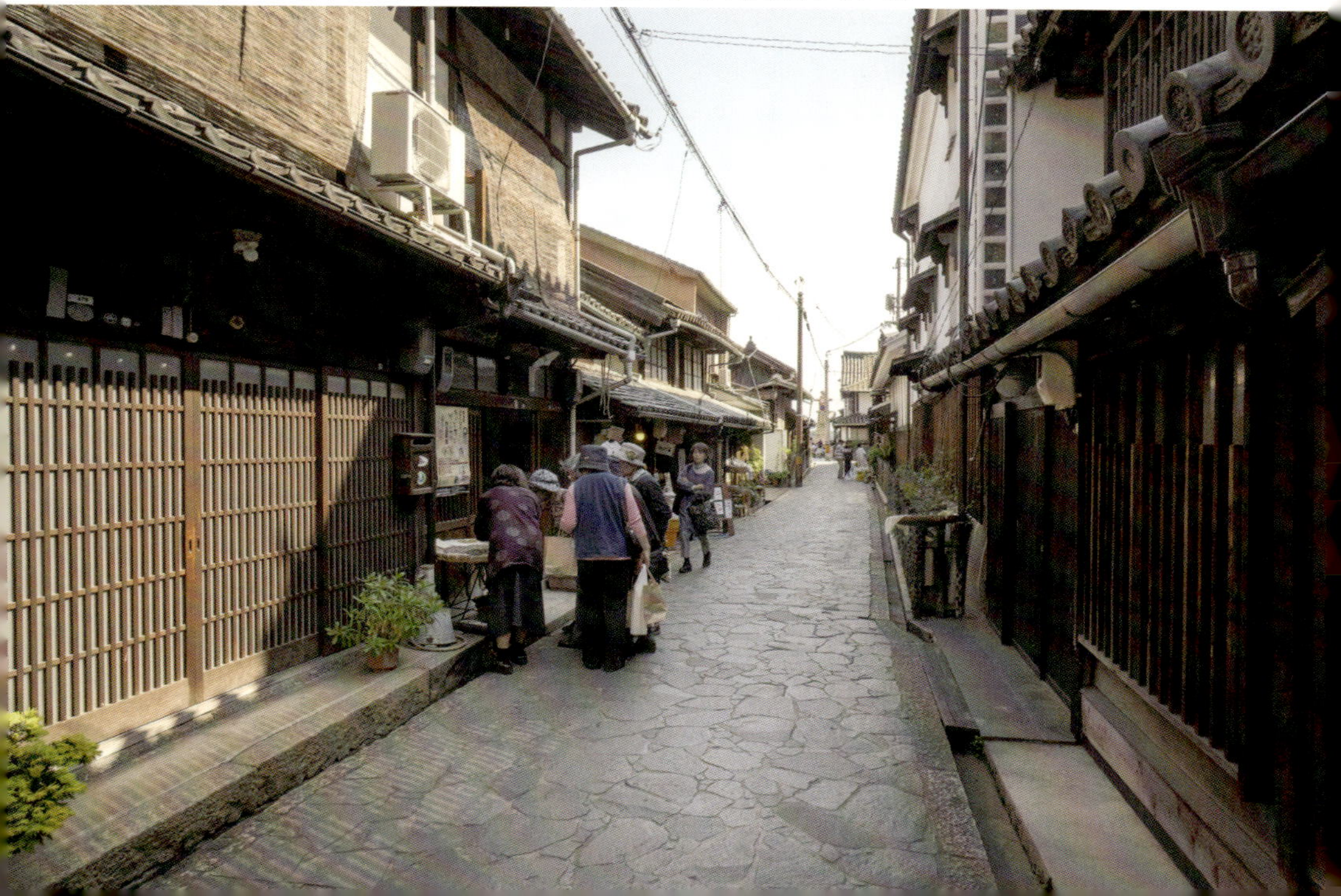

田島の村上氏の居城、天神山城

鞆の浦のある沼隈《ぬまくま》半島を海に沿って南に進み、道路橋の内海大橋をわたると、内海町田島という小さな島に入る。ここは古くは多島と表記され、正長元（一四二八）年、因島村上氏の始祖・村上備中入道顕長《あきなが》が、備後の守護山名氏から多島の地頭職を賜ったことから、因島村上氏の支配が始まったとされている。

田島における村上氏の居城は天神山《てんじんやま》城で、田島と隣の横島の間にある坊地の瀬戸に突き出した岬の先端に築かれた。与えられた田島を支配すると同時に、坊地瀬戸の見張りをするために築いたものだろう。築城時期ははっきりしないが、顕長が地頭職になった頃だと思われる。

城の案内板によると、天神山城の城主としては、村上景広、村上範和、村上就常、村上義則などが記録に残されているという。また、十六世

紀の終わりに居城した村上則宗は、その後、対岸の常石に移住して『田島家』を名乗った。後世、この一族を称して『田島村上氏』と呼ぶようになったという。

田島の坊地瀬戸に突き出した天神山。

天神山のふもとにある田島村上氏の菩提寺、常楽院。

天神山城跡。現在は天神社の境内になっている。

上 / 常楽院にある田島村上一族の墓地。五輪塔五基と宝篋印塔一基がある。
下 / 沼隈半島と田島を結ぶ内海大橋。全長832メートル、幅7.5メートル。1989年に開通した。

F因島

馬神城跡
青木城跡
尾道市立重井小学校
幸崎城跡
土居城
因島北IC
重井町
因島水軍城
金蓮寺
西瀬戸自動車道
317
小早川家墓地
椋浦町
因島南IC
青陰城跡（青影山）
千守城跡
島前城跡
（尾道市立因島図書館）
天神山城跡（天満宮）
浄土寺
美可崎城跡
長崎城跡

G 鞆の浦

来島村上水軍（くるしまむらかみすいぐん）

村上水軍きっての海の英雄、村上通康《みちやす》

来島村上氏が歴史に現れるのも、因島村上氏と同じ十五世紀の初めである。応永二十七（一四二〇）年、『東寺百合文書』に村上右衛門尉という武士が伊予国弓削島荘の所務職になった、との記載がある。弓削島荘は、能島村上氏がこの八十年前に初めて古文書に登場した場所でもある。このことから、三島村上氏がいずれも十四世紀半ばには瀬戸内の海上交通の主導権を握っていて、沿岸各地の大名から警護や管理を任されていたことがわかる。

来島村上氏の本拠地は、伊予国野間郡の来島城（現在の愛媛県今治市）である。日本三大急潮流のひとつ、来島海峡の西の端に位置し、四国本島から約三百メートルの来島瀬戸という海を隔てた周囲約八五〇メートルほどの小さな島で、島全体を要塞化した城郭であることから、海城あるいは島城と呼ばれる。

来島村上氏の全盛時代を築いたのは、村上通康《みちやす》とその子通総《みちふさ》である。伊予国守

龍 駿

護、河野氏の重臣でもあり、河野通直《みちなお》の娘婿でもあった通康は、天文十（一五四一）年、河野氏の家督争いにまきこまれた。跡継ぎのいない通直が娘婿の通康を後継者にしようとしたが、譜代の家臣団がこれに猛反発、庶子家の通政《みちまさ》（のちに晴通《はるみち》と改名）を擁立して、両者は激しく対立した。争いは晴通側の勝利に終わり、通直と通康は河野氏の居城、湯築《ゆづき》城を出て来島城に逃げのびる。が、その後、晴通が急死して弟の通宣《みちのぶ》が跡を継いだため、ふたたび湯築城に帰還し、事実上の権力の中枢に返り咲く。

このとき通康は、河野氏の家督を断念するかわりに河野一族としての扱いを受けることを約束された。そしてこれ以降、河野氏の政権運営に通康が大いに発言権を高め、特に海上交通に関しては来島村上氏がすべてを統括する体制が確立されたといわれる。

永禄十（一五六七）年、河野氏と対立していた伊予宇都宮氏との合戦のため南伊予に出陣したとき、病に倒れ、四十八年の波乱の生涯を閉じた。合戦の場では常に先頭きって敵陣に突入し、水上戦だけでなく陸上戦においてもめざましい働きで数々の武勇伝を残した、村上水軍きっての海の英雄だった。

通康亡きあとの来島村上氏を継いだのは通総《みちふさ》である。だが、父同様、河野氏の重臣でもあった通総は、次第に勢力を弱めてきた河野氏から離れ、独自の道を歩むようになる。そして天正十（一五八二）年、中国地方に進出して毛利氏と戦い始めた織田信長の重臣、羽柴秀吉の誘いを受け、ついに織田方に寝返った。

　これを知った毛利氏、河野氏は激怒し、能島・因島の両村上氏、浦宗勝らに来島城を攻撃させた。さすがの通総もこの攻撃には耐えられず、ついに来島を離れ秀吉の元に身を寄せた。秀吉は、三島村上の中で唯一自分の味方についた通総を「来島」「来島」と呼んで可愛がり、以来、来島村上氏は『来島』姓を名乗るようになった。

　まもなく信長が死去し、秀吉が天下統一を果たすと、通総は来島に帰還。のちに風早《かざはや》郡（元愛媛県北条市、現在は松山市）一万四千石を与えられて正式に大名となった。慶長二（一五九七）年、朝鮮出兵の際、息子とともに従軍したが、水営《スヨン》浦《ポ》の海戦で戦死。享年三十六歳。七歳で家督を継ぎ、天下人の信長、秀吉に仕え、そのせいで能島、因島を敵にまわし同族相争う希有な経験をし、最後には大名になるという、父も顔負けの波乱に富んだ生涯だった。

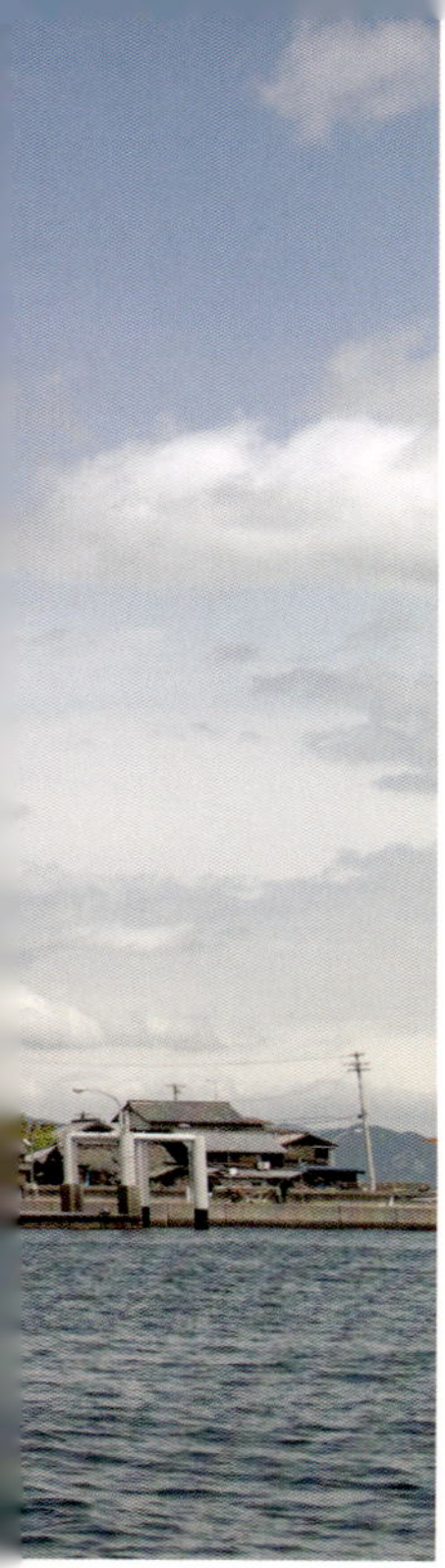

小さな島全体を要塞化した来島城

来島村上水軍の本拠地・来島は、愛媛県今治市の沖合二百四十メートルの来島海峡に浮かぶ周囲約一キロほどの小さな島である。今治市の波止浜港から出ている市営の小型定期船に乗って、わずか五分ほどで着く。来島海峡は昔から潮の流れが速く、また潮の方向も非常に複雑なことから、『狂う潮』が訛って『くるしま』になったといわれる。

来島城はこの島全体を要塞化した水軍城で、応永二十六（一四一九）年、来島村上氏の始祖・村上顕忠《あきただ》によって築かれたと伝えられる。島の西側に約二百二十メートルにわたって南北一列に伸びた城郭で、最北部に本丸があり、南に向かって二の丸、三の丸が連なり、本丸の真下に村上氏の居宅があった。

来島村上氏は長年、主家の河野氏に忠義を尽くしたが、天正十（一五八二）年、村上通総の時代に、羽柴秀吉の誘いにのって織田方に寝返ったため、激怒した河野氏と毛利氏に猛攻撃され、来島城から脱出する。通総はいったん秀吉のもとに身を寄

来島。周囲約 1 キロ、標高 47 メートルの小島である。

せるが、信長の死後、天正十二（一五八四）年に、秀吉と毛利氏の和睦により、来島城に戻ってくる。

慶長六（一六〇一）年、来島村上氏は豊後《ぶんご》国《くに》森《もり》の大名となって移住し、来島城は廃城となった。このとき、多くの家臣が、見知らぬ土地でしかも陸地の暮らしを拒み、島にとどまった。近代まで、来島の島民の大半は、こうして島に残って漁業などに従事してきた村上家の家臣の末裔だったが、移転したり子孫が途絶えたりして、今ではもうほとんど残っていない。

上／来島行きの客船。今治の波止浜から出航している。
左／来島の桟橋では、村上水軍の青い旗がお出迎え。

栈橋からすぐのところにある来島八《や》千《ち》矛《ほこ》神社。来島城築城の際、伊予の河野氏が守り神として建立したと伝えられる。

来島城跡。今は石垣しか残っていない。

村上神社を東に向かうと、村上氏の居宅跡がある。現在、館跡には「心月庵」という庵が建てられ、城主の位牌が安置されている。

城の登り口を上がっていくと、来島村上氏の祖先を祀る村上神社がある。

来島の家並み。住民は高齢者がほとんどで、主がいなくなって廃屋となっている家も多い。

畑でひなたぼっこをしていたおじさん。「昔は海運の来島といわれて随分にぎわったもんだが、今じゃ島からどんどん人がいなくなって淋しい限り」とこぼしていた。

定期船でやってくるのはほとんど釣り客。船を待つ間、島のおばさんとおしゃべりに興じる。

のどかな港の風景。

「日本最古の水軍城」といわれる甘崎城跡。別名『古城島』。大三島の東端の沖合約160メートルのところにあり、潮が引くと歩いて渡れる。島全体が城で全周がすべて高い石垣で囲まれ、満潮になると没して海中の縄張りとなり、潮が引くと全貌が現れるという珍しい城だった。築城時期ははっきりしないが、戦国時代は村上通康、次いで家臣の村上吉継が城主だったと伝えられる。

上／伊予北条北部の難波にある来島村上氏の菩提寺、大通寺。
下／大通寺の墓地にある来島村上水軍の墓。一番左に建つ宝篋印塔が通総の墓である。

今治市大浜町にある大浜八幡大社。村上吉任が社殿を造営したと伝えられる。大社の前の集落は、天正十年に来島村上氏が織田方に組して河野、毛利両軍と戦ったときの合戦場にもなった。

開放的な店内。眺望も味のうち？

海賊料理を味わう その2

海峡料理『伊予水軍』

「来島海峡の新鮮な魚介類をできるだけ安価に提供したい」と昭和四十九年にオープンした海鮮レストラン。百人は入れる広い店で、どの席からも全面窓から瀬戸内海と来島海峡大橋を見る事ができる。鯛丼、生ガキ、活タコ刺などの新鮮な魚介類のほか、魚料理をメインとした各種定食など豊富なメニューがある。

上／伊予水軍の外観
中／名物の鯛丼　1500円
下／生ガキ　900円

DATA

住所｜愛媛県今治市湊町2-6-37
営業時間｜午前11時〜午後10時（水曜のみ午後2時半まで営業）
休日｜年中無休

伊予・鹿島城と鹿島沖の合戦

愛媛県松山市の北条港沖合四百メートルに浮かぶ鹿島《かしま》は、文字通り、野生の鹿が生息する島である。周囲一・七キロの小さな島で、白砂の海岸線がことのほか美しく、国立公園に指定されている。北条港から船でわずか三分という手軽さも手伝い、夏には大勢の海水浴客でにぎわう。
と、ここまで書くと、およそ海城だの合戦だのという物騒なものとは縁がないように思えるのだが、実はこの島には古くから城があった。鹿島城がいつ頃、だれによって築かれたのか定かではないが、天正年間（一五七三～九二年）の初め頃には来島村上氏の当主・村上通総《みちふさ》の兄得居《とくい》通幸《みちゆき》が城主になっている。

天正十年四月、通総が織田信長に寝返って河野・毛利および能島村上水軍の連合軍に攻められ、来島城から逃げ出したあと、翌年三月から鹿島城も攻撃を受けた。『鹿島沖の合戦』と呼ばれる水軍同士の戦いである。連合軍は安宅船を連ねて海から火矢、鉄砲、大砲を撃ち、鹿島への兵糧や水の運搬を断つなどして激しい攻撃を続けたが、難攻不落の鹿島城はついに落城せず、通幸は最後まで城を守り切った。

通総はその後、来島に戻り、秀吉の四国征伐では小早川隆景のもとで先鋒とし

て活躍。その功により風早（現在の伊予北条）一万四千石を与えられ、来島城から鹿島城に居城を移した。

慶長二（一五九七）年、通総は慶長の役で戦死し、家督は次男の長親《ながちか》が継いだ。だが関ヶ原の合戦の際、長親は西軍に属したため豊後国森（現在の大分県玖珠町のあたり）に転封、鹿島城は廃城となった。

上／鹿島。きれいな円錐型をした小島だ。
左／鹿島に向かう定期船。北条港から毎日 20～ 30 分間隔で運航しており、乗船時間は 3 分ほど。運賃は駐車場代込みで往復 500 円。

北条港にある鹿島神社の大鳥居。海を隔てて向こうに見えるのが鹿島。

この海で村上水軍同士の激しい戦いが繰り広げられた。

上／鹿島の、主な住民。ここの鹿は野生の九州鹿で、本州鹿に比べて体が小さく、臆病で警戒心が強い。人になかなか馴れにくく、近づくと逃げる鹿が多い。
下／白砂が美しいビーチ。夏は海水浴客でにぎわう。

◉水軍のまつり

鹿島神社例大祭・櫂練《かいれ》り

櫂練りはその昔、水軍の出陣に際し、鹿島の神前に集結して戦勝を祈願し、勝って斡旋するときに行った祝勝奉賛の催しが鹿島神社の神事になったと伝えられる行事である。春秋の例大祭（五月三日、十月第二月曜日）のときには、鹿島神社に安置されている神輿が、境内での子どもだんじり練りのあと、海上渡御《かいじょうとぎょ》をする。この神輿をのせた御座船《ござぶね》の先供をする二隻の船は『櫂伝馬《かいでんま》』と呼ばれ、船上で『櫂練り踊り』を披露しながら御座船を曳航しつつ斎灘《いつきなだ》をぐるりと回る。

櫂練りは愛媛県の無形民俗文化財に指定されていて、大祭の日は周辺各地から大勢の観光客が訪れる。二〇一四年五月三日、春の例祭に鹿島を訪れた。北条港からの定期船は、二隻が朝からピストン輸送しても追いつかないほどの人出。鹿島神社の境内には、焼きそば、フランクソーセージ、かき氷、ソフトクリーム、鶏の唐揚げなどの屋台が並び、子どもだんじりに参加する子どもたちでにぎわっていた。

櫂練り踊りは、ボンデン（まといのようなもの）を持って船首に立つ少年二人と、剣櫂を持って船尾に立つ青年二人が、シャンシャン、シャンシャンという半鐘や太鼓のリズミカルな音色にあわせて独特の振りで踊る勇壮な舞

鹿島神社
鹿島神社

である。それに加えて、神輿を乗せた御座船を、供の衆がまるで転覆せんばかりに大きく揺らし続ける海上練りも見どころで、このふたつが一体となって櫂練りの醍醐味が生まれる。聞けば、海上練りは実際に転覆したこともあるそうで、それもまた一興といったところか。

この日の観光客の数は約五千八百人。島を離れたあとも、シャンシャン、シャンシャンというあの独特の半鐘の音がなかなか耳から離れなかった。

上／準備は万端
中／子どもだんじり。小さな子どももがんばっている。
下／いよいよ海へ出発。みこし渡御のスタートだ。

鹿嶋神社
鹿嶋神社

上／「櫂伝馬」のへさきでは、２人の少年が「櫂練り踊り」を舞う。
下／右へ左へ、供の衆が転覆すれすれまで船を大きくゆらす「海上練り」も見どころのひとつ。

海賊料理を味わう その3

鯛めし『太田屋鹿島店』

鹿島の船着き場をおりて右の道をほんの少し歩いたところにある食堂。赤屋根の、海に突き出したユニークな建物で、鯛めしの有名店だ。本店は北条にあり、鹿島店は春から秋までのみ営業。おすすめは鯛めし定食（鯛めし、刺身、酢の物、茶碗蒸し、お吸い物、お新香）一七五〇円。ここの鯛めしは齋灘の天然鯛を秘伝のしょうゆと昆布ダシで炊いたシンプルかつ上品な味で、鯛の旨みを十分に引き出している。『寅さん』の渥美清は鹿島が大好きで生前何度か訪れたそうだが、鹿島に来ると必ずこの店に寄っていたという。

DATA

住所｜愛媛県松山市北条辻 1596-3

営業期間｜4月20日から10月末まで

上／太田屋の店内。海に囲まれた開放的な空間。
中／寅さんも好きだった鯛めし定食。
下／太田屋全景。

来島村上水軍関連地図

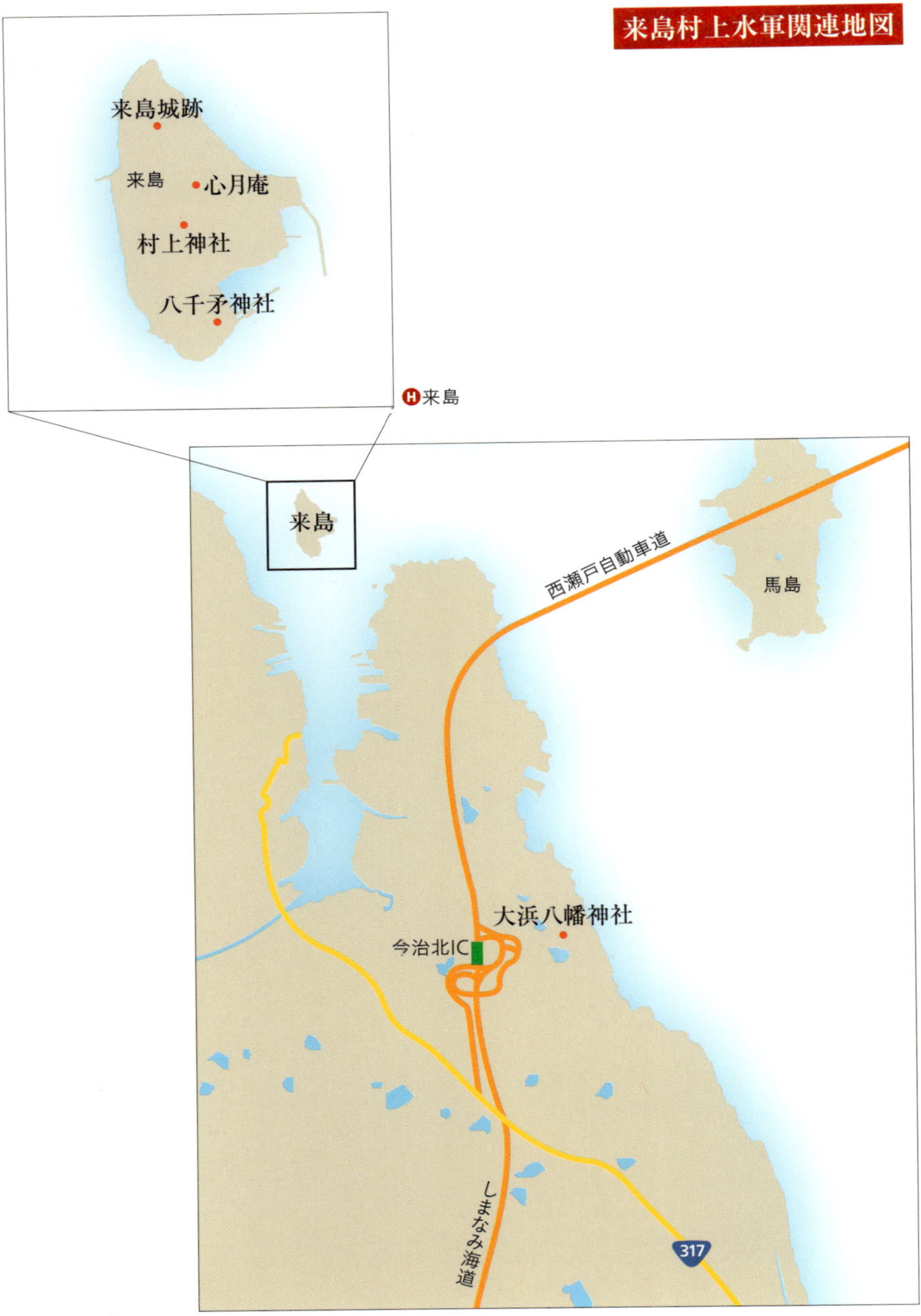
来島城跡
来島
心月庵
村上神社
八千矛神社
来島
来島
西瀬戸自動車道
馬島
大浜八幡神社
今治北IC
しまなみ海道
317

I 大三島

生島口
317
西瀬戸自動車道
大三島
大三島IC
古城島
（甘崎城跡）

J 鹿島

196
179
大通寺
予讃線
鹿島神社
（陸側）
太田屋
鹿島
鹿島神社
（島側）
伊予北条

海賊衆による自治制度を行ったユニークな塩飽水軍

瀬戸内海の中で、中国側の岡山県と四国側の香川県がもっとも近づく場所。ここを備讃《びさん》瀬戸といい、その距離はわずか十キロメートルしかない。このせまい海域に、大小あわせて二十八の島々が浮かんでいる。それらを塩飽《しわく》諸島と呼ぶ。『しわく』という名の由来は、備讃瀬戸の潮が大小の島々に激しくぶつかって渦を巻くことから『潮湧く』が転化したものといわれている。

さて、瀬戸内海が海賊のメッカであったことは先にも書いたが、この塩飽諸島にもユニークな海賊衆がいた。塩飽本島《ほんじま》という塩飽で一番大きな島を拠点に、古くから海運・廻船のプロ集団としてその名を知られた塩飽水軍である。

彼らのどこがユニークかというと……。せまい瀬戸にひしめく島々の間を縫うように航行する難しさが、塩飽の海賊衆に高度な航海術を体得させたのだろう、その比類のない造船技術の素晴らしさと乗組員の操船技術の高さで、塩飽水軍は他の水軍とは違う活躍のしかたをした。つまり、ほとんど戦闘をせず（もちろん全くしなかったわけではないが）、迅速かつ安全確実な海上輸送を売り物に、時代の最高権力者に重宝がられて、古代から幕末までを華々しく乗り切った海賊衆なのである。

その誇り高い歴史をざっとひもとくと、まず源平合戦では、平氏は屋島の前衛に塩飽水軍をおいて源義経の激しい攻撃を防ぎ、足利尊氏は京都から九州に下る際、塩飽水軍を先駆にした。信長が石山本願寺を攻めたとき、安芸の一向宗門徒たちは本願寺に兵糧を運び込もうとしたが、信長からそれを海上で略奪するよう命じられたのも塩飽水軍だった。彼らは見事に期待に応える働きをし、信長から朱印状をもらっている。

また秀吉は、島津征伐や朝鮮出兵の際、塩飽水軍を総動員して海上輸送業務にあたらせたが、彼らはいずれの戦いにおいても、その卓越した航海術でめざましい成果をあげた。こうした大いなる働きに対し、天正十八（一五九〇）年、秀吉は塩飽の船方六百五十人を御用船方として、塩飽七島（本島、広島、与島、櫃石島、手島、高見島、牛島）に一二五〇石を与えた。

この六百五十人は『人名《にんみょう》』と呼ばれ、以後、その中から選ばれた四人の年寄たちにより交代で統治が行われた。周辺の藩から支配を受けることもなく、また特

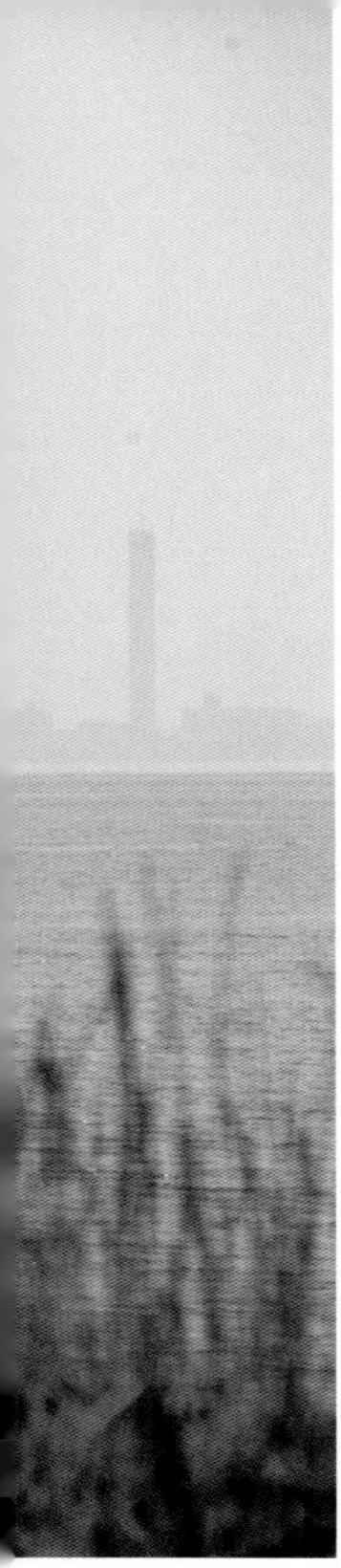

定の頭領をおくこともない、言ってみれば「海賊衆による自治制度」である。しかも秀吉政権直轄の天領であり、このことが、海賊禁止令以降、解散を余儀なくされた他の海賊とは大きく運命を分ける要因となった。

塩飽水軍の快進撃はまだまだ続く。

江戸時代になると、幕府の御用船方として海上輸送を一手に引き受けることになる。さらに寛文十二（一六七二）年には、西回り航路を開いた河村瑞軒《かわむらずいけん》に推挙されて、北前船によるこの航路の御用米の廻船を独占的に行い、島に巨万の富をもたらした。

そして時は流れ、幕末。塩飽の男たちにとって憂愁の美ともいうべき、面目躍如たる活躍が残されていた。開国後、幕府が初めて建造した西洋式軍艦、鳳凰丸をはじめ、朝陽丸、観光丸などの水夫の大半を塩飽出身者が占めた。さらに万延元（一八六〇）年、日本で初めて太平洋を横断した咸臨丸《かんりんまる》の水夫と火夫五十名のうち三十五名が塩飽の男たちだった。

だが、維新後の明治三年、藩政改革により塩飽の領地は没収され、人名制度は終焉を迎える。そして人名の子孫たちは先祖の長く輝かしい歴史と伝統を受け継ぎつつ、ある者は造船業へ、またある者は船大工から神社仏閣の建

築、あるいは家具製造へ、さらにある者は漁業へ、農業へと、それぞれの道を歩んでいった——。

残念ながら現在の塩飽の島々はいずれも過疎化が進み、中心となる本島でも人口はすでに千人を切り、そのほとんどが高齢者になった。だが、本島に今も残る海賊衆の本拠地・笠島地区には、贅を尽くした町家建築が建ち並び、豊かで華やかだった往時の面影をしのばせている。

見どころいっぱい、塩飽水軍の本拠地・本島

塩飽水軍の本拠地・本島は、備讃瀬戸のほぼ中央にある、周囲約十六キロほどの島。小島だが塩飽諸島の中では一番大きく、塩飽の中心地だった。現在は香川県丸亀市に属している。

近年、島の過疎化が進んではいるが、明治以降まで繁栄を続けていただけあって、数々の歴史的遺産や貴重な文化財などが豊富に残されている。だが、取材で島じゅうを歩きながら、つくづくもったいないと感じた。ここは歴史的にも観光的にも、もっと注目を浴びていい島だと思った。そして産業的にも、もっと豊かになっていいはずの島だと思った。

交通は、丸亀港から船で約三十分。一日八便出ていてさほど不便ではないが、観光する上で残念なのは、食堂や喫茶店などの数が非常に少ないことだ。見どころはいっぱいあるのにお腹がすいてしまって、というのではシャレにならない。過疎化が進む中、難しいところだろうが、自治体主導などでもう少し観光施設を

塩飽本島全景。

塩飽勤番所（国指定史跡）。人名から選ばれた4人の年寄が勤番して塩飽全島の政務を行った場所。寛政10（1798）年に建設されたが、現在の建物は文久2（1863）年に改築されたものだ。長屋門の中央が通行所で、右が番部屋、左が供部屋になっていた。

充実してくれれば、何度でも行きたい島である。さしあたり、次回訪問する際は、お弁当でも持っていこうか。

ともあれ、景色の美しさ、伝統的建造物保存地区に指定されている町並みの懐かしさ、瀬戸内の島らしいのどかなあたたかさ、どれをとっても魅力にあふれた島である。貴重な歴史的遺産の数々を、できるだけ永く保存し続けて欲しいものだ。

木《こ》烏《がらす》神社。本島・泊地区の産土神《うぶすながみ》で、大国主命を祀っている。前面にある大鳥居は寛永4（1627）年に塩飽の年寄・宮本半右衛門正信が奉納したもので、高さが4.5メートルある。

木烏神社の境内、社殿の左にある大きな建物は千歳座。文久2（1863）年にできた芝居小屋だが、幕府の禁制を免れるため、神社の道具納屋という名目で建築された。

年寄、入江四郎左衛門の墓。四郎左衛門は入江家の初代で、天正の時代にはすでに年寄を勤め、関ヶ原の戦いでは宮本伝太夫とともに塩飽水軍を率いて参戦し、家康から領地の朱印状を受けている。

上／年寄、吉田彦右衛門の墓。吉田家は代々彦右衛門を名乗り、長く塩飽諸島を治める年寄をつとめた。下／年寄、宮本家歴代の墓。宮本家は塩飽の古くからの豪族で、水軍として海外でも活躍した一族である。塩飽にある年寄の墓は『逆修塔《ぎゃくしゅうとう》』といい、いわば『碑』のようなもので、骨を埋めるのではなく、本人の生存中にその子どもたちが建てるという風習があった。墓はこの宮本家のように路上の目立つ場所に建てられていることが多いが、これは道行く島の人々に気楽に参ってもらうためだそうである。

江戸時代にタイムスリップする 笠島地区

塩飽水軍の人名たちが住んでいた笠島地区は、本島の東端に位置し、本島港から徒歩二十分ほどのところにある小さな港町だ。だが、北は海に面し、南と西は小高い丘に囲まれ、東には海に張り出した城山があって、外海からは港も集落も見えないという、海賊の拠点としてはまたとない天然の良港だった。

笠島地区は、東西約二百メートル、南北約二百メートルの傾斜地で、この中に百十棟の立派な家々が建ち並ぶ。いずれも江戸時代から昭和初期にかけて、船方衆がその富と栄華を競い合って贅を尽くした町家建築の傑作ぞろいであり、国の重要伝統的建造物群保存地区に指定されている。

道路には『マッチョ通り（町家通りがなまったもの）』『東小路《とうしょうじ》』『田中小路《たなかしょうじ》』などの名がついていて、いずれも弓なり、ないしはS字形に曲り、また道路が交差する地点は、敵の侵入を防ぐために食い違い十字路となっていて見通しがきかない。戦闘はあまりしなかった塩飽水軍だが、町の構えは小さな城下町並みだったようである。

笠島港。後ろに見えるのが笠島城跡の城山。

笠島地区の町並み。千本格子の窓のある本瓦葺きの町家建築が建ち並ぶ。通りがすべて食い違い十字路になっているのがわかる。

塩飽水軍関連地図

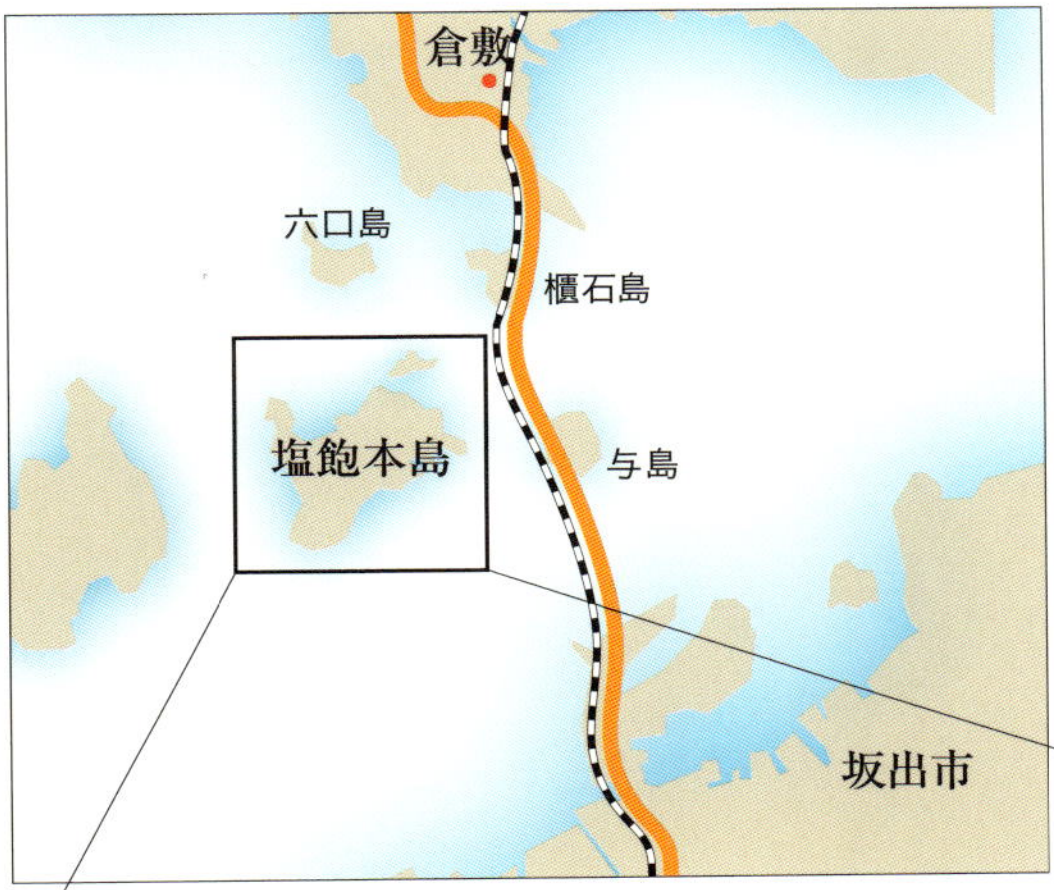
倉敷
六口島
櫃石島
塩飽本島
与島
坂出市

笠島 町並み保存地区
笠島城址
吉田彦右衛門の墓
塩飽勤番所
塩飽本島
入江四郎左衛門の墓
宮本家歴代の墓
本島汽船フェリー乗り場
木島神社・千歳座

淡路水軍、菅平右衛門のドラマティックな生涯

信長と毛利の勢力争いに まきこまれた淡路の海賊たち

淡路島は紀伊水道、大阪湾、播磨灘の水運を司る要衝であり、古くから小規模な水軍を率いて海賊行為を行っていた土豪たちが、それぞれの所領を保持しつつ割拠していた。淡路東浦を拠点に東の海を征していた菅水軍は、それらの中で最も勢力の大きい土豪だった。

戦国時代、その菅水軍の首領となっていたのは、菅平《かんへい》右衛《え》門《もん》達長《みちなが》である。その生年は定かではないが、一五三〇年から四〇年頃と思われる。平右衛門は「菅流水軍兵法」の祖として知られ、彼が著した『菅流船軍秘伝書』は水軍兵法の名著といわれている。

その平右衛門の運命が大きく動き出すのは、室町時代、信長と毛利氏の勢力争いが始まってからである。当時、淡路の最大勢力は、熊野水軍から分離独立して淡路に土着し、洲本城や岩屋城を根城としていた安宅《あたぎ》氏で、信長方に与していた。

天正四（一五七六）年、毛利輝元の軍勢が淡路に攻め入り、岩屋城を攻撃、安宅氏は敗れ、城は毛利氏のものになる。かねてより淡路の土豪たちは、信長方につくか毛利方につくか悩んでいたが、結局みな信長方につき、毛利氏を選んだのは菅平右衛門だけだった。そして彼は毛利傘下の水軍として岩屋城の城主となる。

上／岩屋港から見る岩屋城跡。その形から俎板山《まないた》とも呼ばれている。下／洲本城。本丸跡に昭和３年、模擬天守閣が築かれた。石垣と堀の一部は昔のまま残っている。

だが五年後の天正九（一五八一）年、信長の命をうけた秀吉が淡路を制圧、地元の土豪たちは一掃された。岩屋城も一日で落城したが、平右衛門はかろうじて逃れ、潜伏した。

平右衛門、天下人・秀吉に心服し、忠誠を誓う

明けて天正十（一五八二）年六月、本能寺の変が起きる。そのころ洲本城の城主・安宅氏は、後継者が途絶え、城主不在となっていた。平右衛門は四国の長宗我部氏の後押しで、その洲本城を占拠する。だがそのわずか数日後、光秀討伐に向かう秀吉は、後方の安全確保のため別動隊を組織して洲本城を攻撃。平右衛門は淡路を追われ、紀州に隠れて根来《ねごろ》の雑賀《さいか》衆と通じ、報復の機会を待った。

天正十二（一五八四）年、秀吉が雑賀衆を攻撃した際、平右衛門はその前線基地だった岸和田城に攻め入ったが、失敗。長宗我部氏とともに秀吉の軍門に下った。小豪族とはいえ、平右衛門は水軍兵法の達人である。秀吉にとっても、平右衛門と彼が率いる水軍はつぶすには惜しい戦力だったに違いない。自分の傘下の水軍として召し抱えることにした。

こののち平右衛門は、水軍を率いて九州征伐、小田原攻め、朝鮮侵攻などに参陣、めざましい働きをみせる。そして秀吉の信頼を得、伊予一万五千石の知行を与えられた。のち秀吉崩御の折りには、遺品の長光の太刀を賜ったという。

豊臣への忠義と意地を通した、老将の最期

秀吉の死後も豊臣家に忠義を尽くした平右衛門は、関ヶ原の合戦でも西軍

上／洲本市安乎《あいご》町山田原にある菅氏の館跡。下／館跡の最上段には観音堂が建っている。

に味方したため、所領を没収され、蟄居を命じられた。だが、豊臣家の家臣から徳川の重臣へと転身していた藤堂高虎が、そんな平右衛門に手を差し伸べた。朝鮮の役で一緒に戦った際、高虎は平右衛門に恩義を感じるできごとがあったといわれる。その恩に報いるためか、あるいはいつか自分の役に立つ人材とみたか、高虎は浪人蟄居中の平右衛門に五千石の知行を与え続けた。

しかしそんな二人の関係も、やがて悲劇的結末を迎えることになる。

大阪冬の陣のあと、家康は講和の条件として豊臣家に「大阪城の外堀を埋める」ことを承諾させたが、約束を破って条件にはなかった内堀をも埋めるよう高虎に指示した。高虎はその埋め立て工事を平右衛門に命じる。だが平右衛門は一向に工事を進めようとはしない。視察にきた高虎が工事の遅延を叱責すると、平右衛門は謝るどころか憮然として口答えし、激しい口論となった。

怒った高虎は即座に切腹を命じ、慶長十九（一六一四）年十二月二十六日、平右衛門は切腹して果てた。高虎と平右衛門の間でどんな口論があったのかはわからない。だが、亡き秀吉に心酔していた平右衛門は、家康の卑劣なやり方にどうしても従えなかったのだろう。そしてまた、そんな理不尽な命令に何の抵抗もなく従う高虎に落胆し、主従の関係ももはやこれまでと心を決めたのかもしれない。

平右衛門の享年は不明だが、おそらくこのとき七十歳は過ぎていただろう。人として、武将としての意地と信念を通した老将の、潔い最期だった。

第2章　九鬼水軍

稀代の大将 九鬼嘉隆《くきよしたか》が率いた戦国随一の水軍

戦国時代、天下統一を目指す織田信長の前に立ちはだかったのが一向宗の石山本願寺である。各地の有力大名と連携して信長包囲網をつくる一方、信徒に呼びかけて一向一揆を起こし、十年以上にわたって信長を苦しめた。

石山合戦と呼ばれるその長い戦いの緒戦は元亀元（一五七〇）年に起こった尾張長島の一向一揆だった。信長は二度にわたって討伐に失敗し、三度目の戦いでやっと長島の一向宗を殲滅させる。そのとき信長は、巧みな海戦術を駆使しながら勇猛果敢に闘う一人の水軍武将の活躍ぶりに目を見張った。

その男の名は九鬼嘉隆《くきよしたか》。のちに天下に名を轟かす九鬼水軍の大将である。

紀州の九鬼浦を発祥とする九鬼氏は、志摩半島を拠点に海賊稼業を行っていた小さな海賊衆にすぎなかった。当時、志摩国は「志摩十三地頭衆」と呼ばれる土豪衆によって治められていたが、志摩制圧の野望を抱いていた九鬼氏は、その勢力拡大を懸念した他の地頭たちと敵対することになる。さらに、九鬼氏の台頭を良しとしない伊勢国司の北畠氏が地頭たちに加勢したため、九鬼氏は志摩を追い出されてしまう。

九鬼家の家督をついだ嘉隆は、当時勢いのあった信長が伊勢を攻略しようとしていることを知り、織田家の鉄砲大将をしていた滝川一益を通して信長に拝謁する。その信長の力を後ろ盾に、嘉隆は志摩の地頭衆を次々と倒し、志摩を平定していく。配下に収めた志摩海賊衆を九鬼水軍として編成して参戦したのが、長島の一向一揆討伐だった。

紀州の小さな海賊衆にすぎなかった九鬼氏が、信長の野望にひきずられるように歴史の表舞台に登場し始めるのは、このときからである。

そして天正六（一五七八）年、石山合戦の最終戦ともいえる二度目の「木津川の戦い」で、九鬼嘉隆を水軍大将とする織田水軍は、村上水軍を中心とする毛利水軍を撃退。史上最強といわれた村上水軍を敗走させたのである。その結果、大阪湾の制海権は信長が握ることとなり、ほどなく石山本願寺は降伏した。

織田水軍の中心となっていた九鬼水軍の名は全国に知れわたり、信長とその後に仕えることになる豊臣秀吉の出世とともに、九鬼嘉隆もまた自らの力と名声を高め

ていった。その後、九州島津攻めや小田原攻めに水軍の大将として参戦。天正十三（一五八五）年には大隅守に任官され、答志郡鳥羽（現在の鳥羽市）に鳥羽城を築き、名実ともに海賊大名となった。

秀吉の天下統一後は、水軍が活躍する機会はほとんどなくなったが、朝鮮出兵の際には船奉行として嘉隆が豊臣水軍を指揮している。その後ほどなくして子の九鬼守隆《もりたか》に家督を譲り、自らは隠居したが、わずか三年後の一六〇〇年、関ヶ原の戦いで加勢した西軍が敗れたために、鳥羽の答志島で自害した。享年五十九。荒れ狂う海のように、熱く激しい生涯だった。

九鬼水軍は、まさに嘉隆とともにあった。彼が登場しなければ、紀州の小さな海賊衆で終わっていたかもしれない。なにより、彼がいなければ秀吉は果たして天下を統一できたかどうか定かではない。

そんな嘉隆を中心とする九鬼一族の軌跡は、風光明媚な伊勢志摩に数多く残っている。それらを巡り歩いていけば、半島を囲む波光のきらめきのように、九鬼一族の輝ける栄華を追体験できるにちがいない。

九鬼氏発祥の地
「紀州九鬼浦」

三重県の南部、熊野灘に面した尾鷲の小さな入り江に、人口五百人ほどの九鬼町がある。波静かな九鬼浦は古くから天然の良港として知られ、江戸時代には風待ち港として諸国の廻船が入港していた。

この九鬼町が、九鬼氏発祥の地だといわれている。迫る山と湾にはさまれたほんのわずかな平地に家屋がひっそりと密集している風景を見ると、なるほど九鬼氏発祥の地にふさわしいと思えてくる。

九鬼氏の出自は、資料の少なさゆえに不明の部分が多い。熊野《くまの》別当《べっとう》末裔説[*1]、熊《くま》野《の》八庄司《はちしょうじ》説[*2]などあるが、藤原氏の末裔である藤原隆信《ふじわらたかのぶ》がこの地に流れてきたという説がよく知られている。南北朝時代、伊勢国の佐倉城主であった藤原隆信が北朝側の攻撃を受け、敗走して九鬼浦に落ち延びた。地名の九鬼を姓にして九鬼隆信を名乗り、すぐに九鬼城を築城。そこから九鬼氏が始まったという説である。また、九鬼水軍はすでにこの隆信の時に存在しており、熊野灘を舞台に海賊

行為をしていたともいわれている。

　しかしながら、熊野時代に九鬼氏は思うように勢力を伸ばすことができず、九鬼氏の隆盛は、三代隆房《たかふさ》の次男隆良《たかよし》が、新天地をもとめて志摩に進出するまで待たねばならなかった。

※1　熊野別当……熊野三山（熊野本宮大社、熊野速玉大社、熊野那智大社）の統括にあたった役職。鎌倉時代には大きな権力を握っていた。

※2　熊野八庄司……熊野の大きな荘園の経営をまかされた武士のこと。

九鬼浦。三方を山に囲まれ、リアス式海岸特有の入江となっている。太平洋に面しているとは思えないほど海は穏やかで、古くから豊かな漁港として開けてきた。現在も町の人々は漁業を主な生業として暮らしている。

上／九木神社の本堂。屋根のところには九鬼氏の家紋がついている。
下／九木神社。入江の東の丘の上にある。九鬼氏とゆかりのある神社で、境内には寛文 10（1670）年に九鬼式部少将藤原高季が奉納した石灯篭がある。社殿の参道の両側には亜熱帯性の樹木が自生しており、昭和 12（1937）年には国の天然記念物に指定されている。

九鬼城跡。現在の九鬼中学校の東、海に向かってせり出した丘陵が九鬼城だったといわれる。

九鬼氏の祖である藤原隆信が創建したといわれる真厳寺。本堂は文化４（1807）年の建立。港から少し入った小高い山の中腹にある。

九鬼氏の新たな歴史が始まった「志摩国波切《なきり》」

志摩半島の南東部に、太平洋に突き出た大王崎《だいおうざき》という岬がある。古くは波切村と呼ばれていたところで、眼下には広大な海原が広がり、海賊衆にはまさに一等地ともいえる場所だ。九鬼氏三代隆房《たかふさ》の次男隆良《たかよし》は、九鬼氏発祥の地である紀伊国牟婁郡《むろぐん》九鬼浦を出て、この志摩国英虞郡《あごぐん》波切村に移り住んだ。

当時、波切を支配していた土豪である川面氏《かわつらし》の養子になったという説もあるが、新たな領地を求めた隆良が進軍して制圧したという説もある。今となってはどちらが正しいかわからないが、とにかくも、何らかの野望をもって波切に進出したことは間違いない。志摩国には多くの土豪衆がおり、常に勢力拡大をねらってにらみあっていた状況だった。そのような厳しい環境の中に飛び込んでいくからには、それなりの覚悟があったとみていいだろう。

この分家した隆良を祖とする九鬼氏を、本家と区別するために波切九鬼氏と呼ぶこともある。のちの九鬼水軍大将・九鬼嘉隆はこの波切九鬼氏の

系譜であり、一般的には波切九鬼氏を九鬼氏と呼ぶ場合が多い。

果たして、隆良は古くから割拠する豪族たちに戦いを挑み、徐々に九鬼氏の勢力を拡大していく。だがそれは、その後長く続く土豪衆たちとの戦いの序章にすぎなかった。以降、隆基《たかもと》、隆次《たかつぐ》、泰隆《やすたか》と四代、二百年にわたって土豪たちとの戦いは続き、泰隆の代にやっと鳥羽に近い岩倉の田城を攻め落とす。しかし、志摩を制圧するまでにはまだまだ時間が必要だった。

信長の力を借りた九鬼嘉隆が志摩を制圧するのは、これから約三十年後のことである。

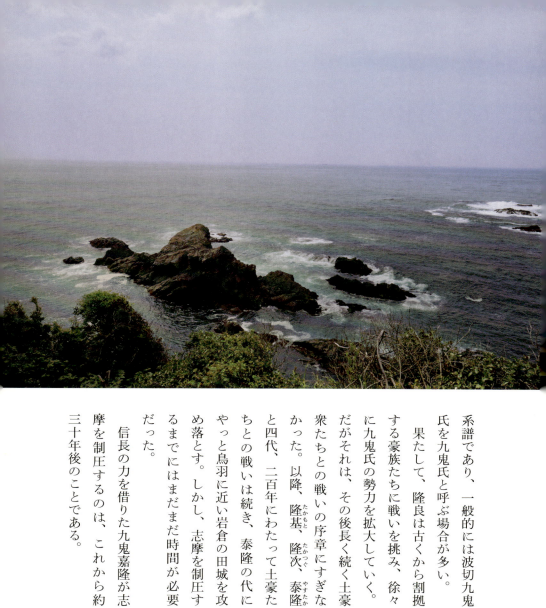

志摩半島の東南端にある大王崎。遠州灘と熊野灘を二分するように突出しており、昔から海の難所として知られ、「伊勢の神前、国崎の鎧、波切大王がなけりゃよい」と船乗りたちに恐れられた。そのため、昭和2（1927）年にはすでに灯台が建設された。

波切城址。波切は志摩地域の海路の要衝に位置し、鎌倉時代初期より沿岸の拠点として重視されていた。そのため波切城は、外敵の侵入に備え太平洋を見下ろす岬の突端に築城された。貞治年間（1362～1368）、紀伊国九鬼より侵出してきた九鬼隆良によって支配され、居城とされた。現在の灯台の隣にある公園が波切城址となっている。

波切の町並み。波切は、今も古い町並みが残る風情ある町である。石畳の坂道も多く残っており、波切の港と魚市場の裏手の高台を結ぶ産屋《おびや》坂などがよく知られている。産屋坂という名前の由来は、坂の途中に産屋があったことによる。

波切港のすぐそばにある仙遊寺。波切九鬼家三代目の隆次が開基し、波切九鬼氏の菩提寺となっている。境内には、定隆（五代）泰隆（四代）隆次（三代）隆基（二代）隆良（初代）を供養するための五輪塔が並んでいる。

海賊料理を味わう その4

寿司和食処『おとや』

志摩半島近海の新鮮な海の幸を堪能できる店。地物を中心としたネタの寿司も評判だが、あわびや岩牡蠣など、その日にとれた魚介をいただけるのがうれしい。創業明治四十一年。二代目の当主が『おと』という名前でみんなから「おとやん」という愛称で親しまれていたところからおとやの店名になった。現店主の四代目大将は、志摩で生まれて志摩で育った生粋の志摩人。

DATA

住所｜三重県志摩市阿児町鵜方 1692
☎｜0599-43-0074
営業時間｜12 時〜午後 1 時 30 分
午後 5 時〜午後 9 時
定休日｜木曜日

おとや外観（上）
とれたての岩牡蠣（中）とあわび（下）

九鬼氏の栄華を今に伝える
志摩国制圧への軌跡

当時の志摩は、「志摩十三地頭衆」や「嶋衆《しましゅう》」と呼ばれる土豪衆が各地に群拠しており、九鬼氏は田城《たじょう》を本拠地とする一勢力にすぎなかった。

五代目の定隆《さだたか》亡きあと、嘉隆の兄であり長男である浄隆《きよたか》が田城を守っていたが、浄隆も城中で亡くなり、その子の澄隆《すみたか》が跡を継ぎ、叔父にあたる嘉隆と城を守ったといわれる。

嶋衆や地頭衆たちは、伊勢国司北畠氏の援軍をえて田城を攻撃。澄隆と嘉隆はその攻撃に抗いきれずに田城を追われてしまう。

なぜ、九鬼氏はこれほどまでに攻撃を受けたのか、確かな理由はわかっていないが、少なくとも志摩を支配していた地頭たちの秩序を乱す動きを九鬼氏がしたからだと思われる。

田城から敗走し、しばらく鳴りを潜めていた嘉隆が志摩に現れたのは、

信長の伊勢侵攻のときだった。信長の家臣として嘉隆は志摩に攻め入ってきたのである。

当時の信長は、美濃制圧の最終段階に差しかかっており、美濃の次は伊勢攻略と決め、そのためには水軍の創設が必要だと考えていた。そこで、白羽の矢が立ったのが九鬼嘉隆だった。嘉隆も自分たちを追い出した志摩の地頭衆を討ちたいと思っていたわけだから、双方の利害関係が一致したのである。

永禄十（一五六七）年、信長は北伊勢への侵攻を開始。永禄十二（一五六九）年には南伊勢の北畠氏の内紛に乗じて北畠氏を討伐。その間、嘉隆は水軍を率いて志摩国に進軍し、志摩一国を完全に掌握し制圧したのである。永禄十三（一五七〇）年のことであった。

以降、嘉隆は目覚ましい活躍を見せる。なかでも天下統一を目指した信長の最大の敵ともいえる石山本願寺との戦いでは、織田水軍の水軍大将として敵方の毛利水軍に勝利し、本願寺降伏に大きく貢献した。この戦功によって嘉隆は織田家の重臣になるとともに、志摩国の公認領主となり、鳥羽志摩を絶対的な力で支配した。

まさにこのときが、九鬼嘉隆全盛の時であった。

信長から秀吉の天下になってからも、九鬼嘉隆の活躍は続いた。天正十二（一五八二）年の秀吉と家康の間に起こった小牧長久手の戦い、天正十五（一五八七）年の九州島津征伐、天正十八（一五九〇）年の北条氏小田原攻め——いずれの戦いでも嘉隆は水軍大将として出陣しており、秀吉から厚い信頼を得ていたことがわかる。

文禄三（一五九四）年、鳥羽志摩支配の象徴ともいえる鳥羽城が完成。その三年後の慶長二（一五九七）年には突如家督を息子の守隆に譲り、自らは隠居してしまう。嘉隆五十五歳。この鳥羽城が九鬼氏最後の居城となった。

田城城址と九鬼岩倉神社。田城城は、波切城（大王町）より進出してきた九鬼家四代当主泰隆によって、穀倉地帯であった岩倉に築城された。それ以前に田城左馬之助が築いたとも伝わる。鳥羽市を流れる加茂川と、その支流の河内川の合流点にある大きな森の丘陵上に田城城は築かれ、これらの河川が天然の外堀として機能した。現在、城跡には九鬼岩倉神社が祀られている。これは九鬼澄隆の怨霊を鎮めるため、嘉隆の子守隆が創祀したものである。

鳥羽城。天正年間に築城され文禄3（1594）年に完成したといわれる。四方を海に囲まれ、大手水門を海側に向けた全国的にも珍しい「海城」であり、三層の天守閣がそびえていたという。しかし、城郭は明治4年の廃城後に解体され、現在は一部の石垣が残るのみである。城内には鳥羽市役所や旧鳥羽小学校の建物が建っている。

常安寺。九鬼嘉隆の菩提寺。嘉隆の子守隆が、父の供養のために慶長 12 年（1607）に開いた曹洞宗の寺である。寺には、嘉隆が切腹した時に使った短刀や肖像画など、数多くの資料が残っている。また、本堂の裏には、嘉隆とその正室ほか九鬼一族の墓碑が並ぶ廟所がある。中央に据えてあるのが嘉隆の墓碑である。

嘉隆が自ら選んだ最期の地「答志島《こうしじま》」

鳥羽湾に浮かぶ島々の中で、もっとも大きい島が答志島である。鳥羽港から定期船で三十分足らず、美しい自然と海の幸に恵まれた豊かな島である。

九鬼嘉隆は、自らの臨終の地にこの島を選んだ。

息子の守隆に家督を譲って隠居していた嘉隆の最後の大戦となったのが関ヶ原の戦いであった。秀吉の死後、西軍と東軍に分かれて行われた天下分け目の戦い。そこで、嘉隆は石田三成率いる西軍につき、東軍についた守隆とは敵味方として参陣することになる。

嘉隆は、守隆が上杉征伐に出兵している間に鳥羽城を奪い、立て籠もる。急ぎ戻ってきた守隆は、国府城に本拠を構えて嘉隆と対峙した。だが、西軍敗走とともに、嘉隆も鳥羽城を逃れ答志島の和具《わぐ》に潜んだ。

守隆は、家康のもとに

赴いて父嘉隆の助命を懇願する。最初は相手にしなかった家康だが、あまりに執拗な懇願に嘉隆を赦すことを約束した。守隆は急いで赦免の使者を嘉隆のもとに送るが、その使者が到着したのは、すでに嘉隆が答志島の洞《とう》泉庵《せんあん》で切腹したあとだった。

守隆は大坂冬の陣、夏の陣にも参戦。平和な時代になってからは、軍船を使って材木や石材を運搬し、新たな時代に対応していった。

答志島は、鳥羽港の北東約2.5kmに位置する鳥羽市最大の島であり、答志、答志和具、桃取の三つの集落がある。かつて、伊勢神宮の御料で海産物を納めていたという歴史が物語るように、漁業が主な産業となっている。海女も多く、シーズンになればウニ漁へと出かける。新鮮な魚介類は、この島の最大の観光資源になっている。答志島へは、鳥羽港から定期便が出ており、約20分で行ける。

九鬼嘉隆の首塚。築上山《つかげやま》山頂にある。関ヶ原で西軍に味方した嘉隆は、和具の洞泉庵で自刃した。胴部は洞泉庵（胴塚）に葬られ、首部は首実検のために伏見の家康のもとに送られた。その後、この地に持ち帰り、ここに葬られた。鳥羽城が見れるようにと、築上山の山頂に埋められたといわれている。

築上山山頂からの眺め

胴塚。慶長 5（1600）年に守隆が建てたものといわれている。その後、嘉隆の孫にあたる隆季が寛文 9（1699）年に再建した。五輪塔は高さ 1.55 メートルの花崗岩でできている。

嘉隆が自刃したといわれる洞泉庵跡。

海賊料理を味わう その5

まるみつ寿司

答志島の和具港を降りて徒歩約五分のところにある寿司と和食の店。島ならではの天然の地魚、伊勢海老、貝類などの活造りやお寿司、焼き物、煮物など、メニューは豊富。注文をもらってからさばく魚は新鮮そのもの。冬は伊勢海老やカキ、夏場は自ら潜ってとってきたアワビ、赤ウニ、サザエなどを味わえる。とくに、獲りたての赤ウニは一度食べたら忘れられない味。多くのテレビや雑誌でも取り上げられている答志島で人気の店だ。

DATA

住所｜三重県鳥羽市答志町 1106
☎｜0599-37-2314
営業時間｜午前 11 時～午後 10 時
ランチ営業、日曜営業
定休日｜不定休

タイミングが良ければ朝獲りたてのウニを味わえる

九鬼水軍関連地図

A九鬼

B志摩

515
波切小学校
仙遊寺
大王埼灯台
波切城跡

C鳥羽

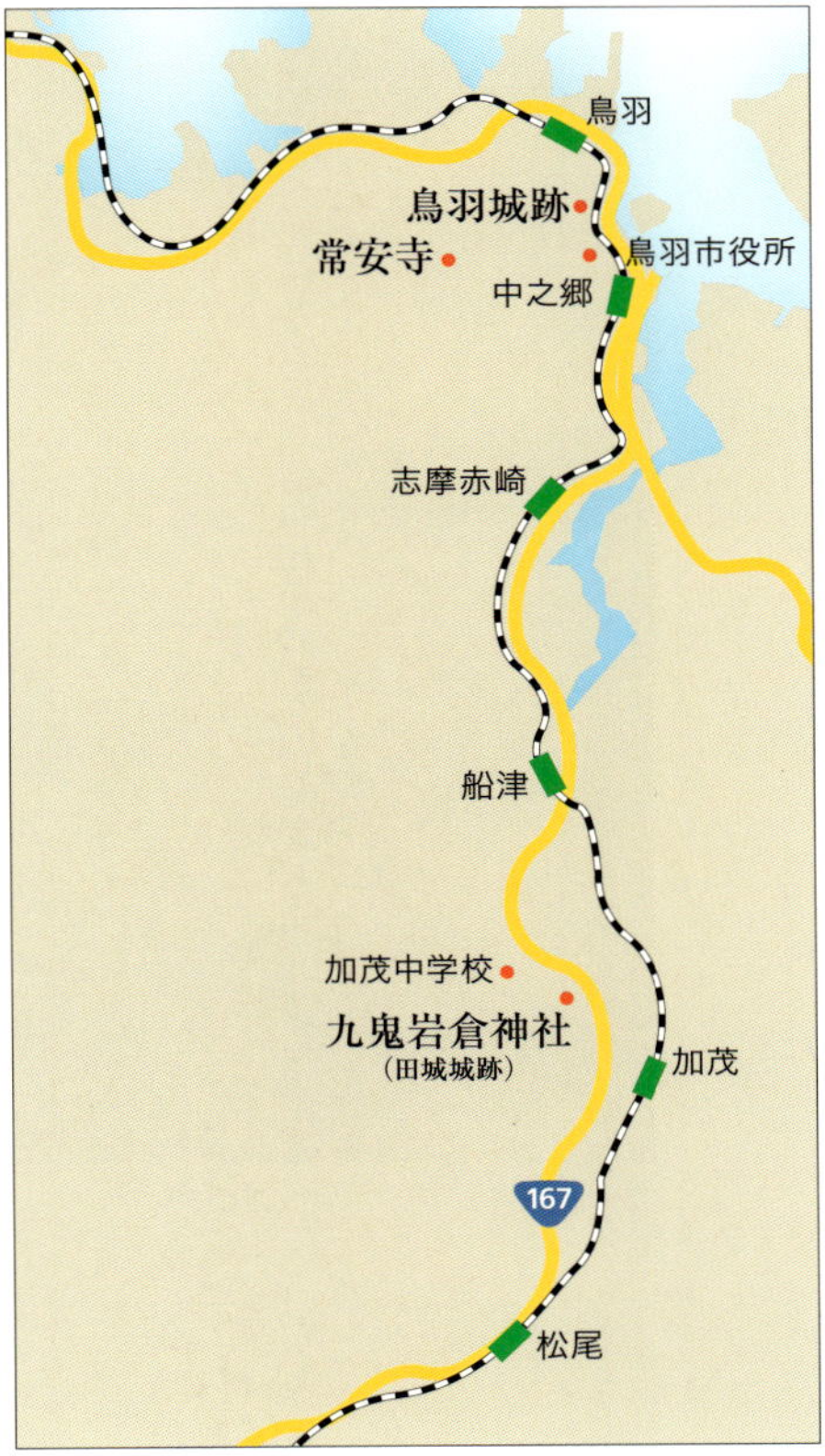
鳥羽
鳥羽城跡
常安寺
鳥羽市役所
中之郷
志摩赤崎
船津
加茂中学校
九鬼岩倉神社
（田城城跡）
加茂
167
松尾

D答志島

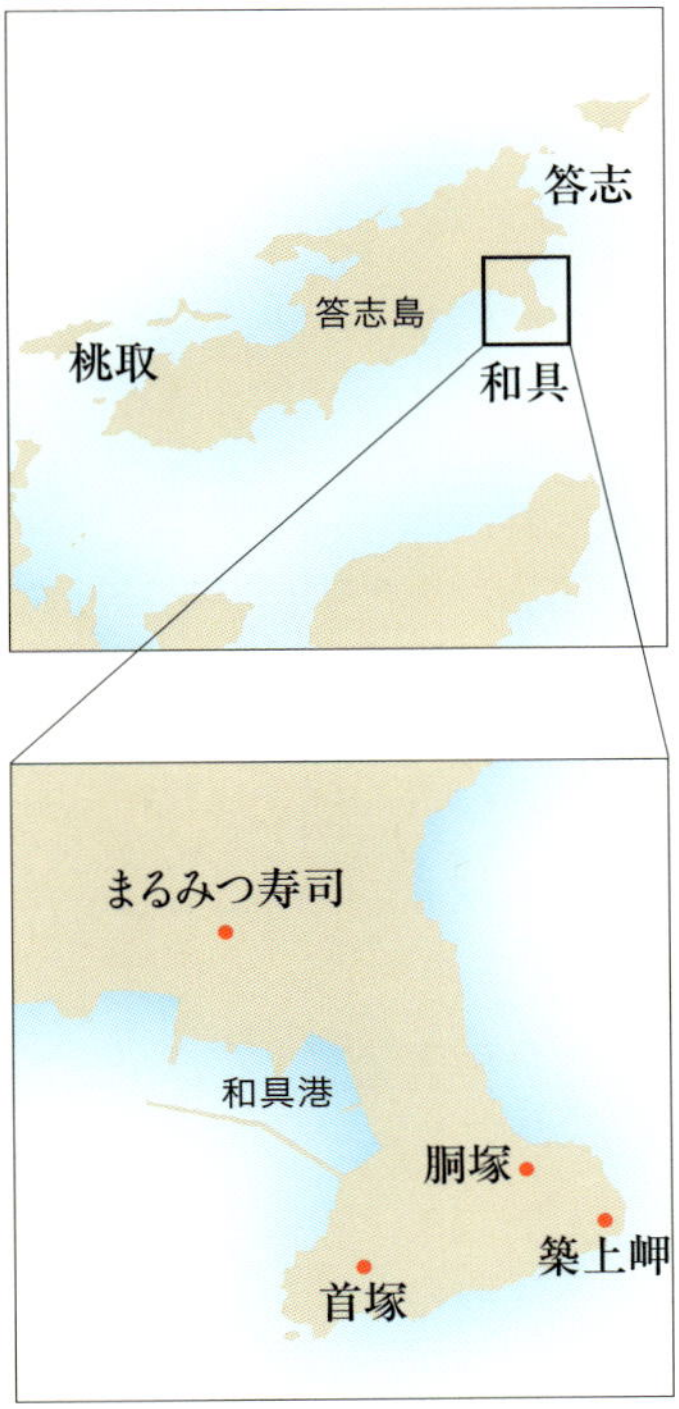
答志
答志島
桃取
和具
まるみつ寿司
和具港
胴塚
築上岬
首塚

第3章
松浦党

倭寇から近世大名へ、時代の荒波を乗り切った松浦党《まつらとう》

村上水軍、九鬼水軍と並んで、日本の三大海賊と呼ばれるのが、現在の佐賀県から長崎県にわたる沿岸で勢力を誇っていた松浦党である。

だが、同じ海賊でも、松浦党は他の海賊とはかなり違う点がある。それは、活動の範囲が国内ではなく、海外に向かっていたこと。松浦党の拠点を地図で見ればわかるが、海の向こうは日本ではない。目前に広がる玄界灘や東シナ海を越えた先にあるのは、朝鮮半島や中国大陸である。そしてこの国々に対し海賊行為を行ったといえば、『倭寇』が思い浮かぶ。もともと『倭寇』とは朝鮮人がつけた名で、「倭、つまり日本人が侵略する」という意味であり、朝鮮や中国では日本人の海賊のことを言った。倭寇の活動期間は非常に長く、その間、実際には朝鮮人、中国人、琉球人などの海賊も混じっていたらしいが、その中心となっていた

のは他ならぬ松浦党だった。
また松浦党は『党』という呼称からもわかるように、ひとつの豪族あるいは組織ではなかった。肥前の沿岸一帯、数十におよぶ小さな海賊集団の総合体であり、それらをひとまとめにして松浦の地名で呼んだものである。だが、全くの他人たちの寄せ集めかというとそうではなく、大半は元々一つの家柄から分家したものだった。それについては後で説明することにしよう。
九州の小海賊の集合体だった松浦党が日本中にその名を知られるようになったきっかけは、文永の役（一二七四年）、弘安の役（一二八一年）の二度にわたった『元寇』である。九州北西部の沿岸に上陸した蒙古は、手当たり次第に略奪し、虐殺するなど悪逆非道の限りを尽くした。本拠地を直撃された松浦党は、圧倒的兵力の蒙古を相手に奮戦し、敵味方ともに屍の山を築く死闘を繰り広げたが、最後はおりからの暴風雨も手伝って蒙古軍は全滅した。
この戦いで、蒙古を撃退した松浦党の名は天下に轟いたが、結果として松浦地方は壊滅的な打撃を受け、しかもその被害は誰からも補償されるものではなかった。この経験から彼らは、中央政府をあてにせず、独自の海賊連合組織として結束を固め、より強固な集団になっていったのである。

ところでこの『松浦党』、一体どのようにして始まったのだろうか。

松浦党には宗家の松浦氏という党首的存在の家系があり、その出自は、嵯峨源氏といわれている。[※1] 十世紀の後半、源頼光《よりみつ》――通称らいこう――配下の四天王の筆頭、渡辺綱《わたなべのつな》（正式には源綱）が西国に下り、唐津地方の賊を退治した。その孫・源久《みなもとのひさし》が延久元（一〇六九）年、御厨検校《みくりやけんぎょう》に任ぜられて松浦郡に下向し、そのまま土着して松浦半島の中心である今福梶谷《いまぶくかじや》に住み、松浦氏を名乗った。この松浦久が松浦氏の祖といわれている。

余談だが、久の先祖である源融《みなもとのとおる》は、あの有名な「源氏物語」の光源氏の実在モデルといわれる人物で、美男子として有名だった。酒呑童子《しゅてんどうじ》や茨木童子《いばらきどうじ》と戦った豪傑として知られる祖父の源綱《みなもとのつな》もまた、美男だった。では久も……とつい期待してしまうが、残念ながら久の風貌に言及した資料は残っていない。

閑話休題。今福の松浦氏は、久亡き後は子の直《なおし》が継ぎ、さらに直のあとは清《きよし》が継いだ。[※2] これが宗家松浦氏の嫡流とされている。で、ここまでなら普通の話なのだが、ここからが松浦氏のややこしいところだ。久には直のほかに持《たもつ》・勝《すぐる》・聞《きこえ》・広《ひろし》・調《しらべ》らの子があり、それぞれに波多・石志・荒古田・神田・佐志などの領地を与え、その後彼らは、波多氏、石志氏というようにその土地名を苗字とした。そ

してさらに、清の子の栄《さかえ》は有田を、遊《あそぶ》は大河野を、披《かぶる》は峯を、囲《かこう》は山代を与えられ、またその子孫から庶子が分家し、といった具合に次々に増えていった。その数は四十八家とも五十三家ともいわれ、それらの結合体が松浦党と呼ばれるようになった、とみられている。

武士団の総数がはっきりしないのは、松浦党には松浦氏の血族だけでなく、昔からこのあたりにいた別の集団もいくつか含まれていたせいだろう。こうして松浦党は大組織にふくれあがっていったのだが、限られた土地で分家を繰り返せば、当然、各家の領土は狭くなる。元々、松浦地方はリアス式海岸に加えて多島地帯だったから、宗家松浦氏といえどもすべてを統率することなどできず、次第に諸家入り乱れて領地を割拠する状態になっていった。

その中で台頭してきたのが、平戸松浦氏だった。十三世紀初め、宗家松浦氏は、現在の佐世保市に近い相神浦《あいこうのうら》（現・相浦）に城をもうけ、今福の梶谷城から本拠地を移した。十五世紀後半の十四代定《さだむ》の時代になったころから、宗家松浦氏と平戸松浦氏との関係は徐々に悪化しはじめ、明応七（一四九八）年ついに戦いが勃発、定の後を継いだ政《まさし》は、平戸の松浦弘定《ひろさだ》とその子・興信《おきのぶ》に攻められ、討ち死にする。そしてこの後約七十年にわたって、宗家松浦氏と平戸松浦氏は幾度も戦いと和解を繰り返すが、一族の中でも名君の誉れ高い松浦隆信《たかのぶ》（興信の子）が平戸の当主となった永禄九（一五六三）年、宗家は平戸の軍門に下り、平戸松浦氏が松浦党の惣領となる。

平戸の松浦隆信は、その後も次々に領土を拡大し、永禄年間に松浦半島の大半を制圧。その子の鎮信《しげのぶ》もまた父親譲りの優れた武将で、秀吉の九州征伐の際には水軍として参戦し、朝鮮征伐では平壌で小西行長を助け、また関ヶ原では時勢を読んで東軍につくなど、持ち前の政治外交手腕と戦闘能力をフルに使って幾たびもの危機を乗り切り、近世大名として明治維新まで続く平戸藩松浦家の礎を築き上げた。また、家康の許しを得て平戸にオランダ商館やイギリス商館を開き、ウィリアム・アダムスを招くなど、進取の気性に富んだ近代的精神の持ち主でもあった。

宗家の久が撒いた『海賊』のタネが、六百年の時を経て、平戸の隆信・鎮信親子により『大名』という名の大輪の花を咲かせた、と言ったら、綺麗すぎるだろうか。

※1　松浦氏の出自については異論も多く、はっきりしたことはわかっていないが、松浦家の家系図でも嵯峨源氏説がとられており、さまざまな資料から嵯峨源氏説が通説となっている。

※2　松浦一族の名前は一文字が多い。先祖の源融をはじめ、渡辺綱（源綱）、松浦久と一文字の伝統を受け継いでいて、宗家松浦氏、波多氏、鶴田氏、有田氏、伊万里氏などほとんどが一文字である。だが平戸氏だけは二文字名も多く、一文字と二文字が混在している。

石岳展望台から見る九十九島

松浦久《まつらひさし》と松浦党発祥の地、『今福《いまぶく》』

松浦党発祥の地・松浦地方の歴史は古い。邪馬台国時代の三世紀頃、現在の唐津・東松浦地方は『末盧国《まつろこく》』と呼ばれ、『魏志倭人伝』にも登場している。戸数は約四千戸。曰く、「一大支国（壱岐）より海を千余里わたると末盧国に至る。人々は山海に沿って住み、海に潜って魚やあわびを採って暮らしている。村には草木が生い茂り、前を歩く人の姿も見えないほどだ」。この『末盧《まつろ》』が、のちに『松浦《まつら》』となったといわれている。

平安時代になって、この松浦地方に海賊の一団が発生する。渡辺綱の孫・源久が延久元（一〇六九）年、松浦郡宇野御厨《うのみくりや》の検校となって松浦・彼杵《そのぎ》郡および壱岐の土地を領有し、松浦半島の今福に梶谷城を築いて定住、松浦姓を名乗った。ここから松浦党の歴史が始まる。

今福町は現在の長崎県松浦市の北西にあり、この一帯には今も松浦党にまつわるさまざまな遺構や史跡が残っている。

『松浦党発祥之地と松浦水軍の兜』。唐津街道（国道 204 号）沿いの「調川《しらべかわ》道路公園」の中にある、松浦水軍の巨大な兜と発祥碑。兜は武将のものだが、実際の船合戦の際には、左右に突き出ている角（鍬形）ははずして戦っていた。

松浦党発祥の城、梶谷城跡。延久元（1069）年、久が築いて最初の居城とした。標高 197 メートルの今福山の頂上に築かれ、宗家の本城から支城となり、さらに平戸松浦氏の支城となるなど、長い年月、松浦党の城として利用された。本丸や二の丸跡からは、松浦湾の素晴らしい景色が見られる。

旧苑陵《えんりょう》寺《じ》跡。久公の巨大な自然石の墓をはじめ宗家松浦氏累代の供養塔が二十余基ある。ここは昔、初代久公の館があった場所で、久寿元（1154）年、久公はここで逝去したといわれる。小高い丘の上にあり、今福の町や海が一望できる。館跡に今福松浦家の菩提寺として苑陵寺が建てられたが、昭和 29 年、地滑り危険地のため、寺はこの少し北側に移転した。現在ここには墓のみが残され、うっそうとした森に囲まれている。松浦市指定史跡。

旧苑陵寺跡から見る今福の町。向こうに海が見える。

のどかな田園風景が広がる今福。

上／今宮神社。寛文 9（1669）年、宗家松浦信貞公が久公を祀って建立した。右／今福神社。応徳元（1084）年、久公が滋賀県多賀大社の文霊を勧請し、この神社で年を越したことから『歳の宮』とも呼ばれる。

今福漁港。ここから鷹島行きのフェリーが出ている。

上／名物のイカの活造り。
下／青いノレンが目印。店の外観。

DATA

住所｜唐津市呼子町呼子 1467-1
営業時間｜午前 10 時～午後 8 時
休日｜不定休

海賊料理を味わう その6

『活魚料理　漁火《いさりび》』

呼子といえばイカ、イカといえば呼子と言われるほど有名な呼子のイカ。港にはイカ料理の専門店がズラリと軒を連ねていて、どこに入ればいいのか迷ってしまうが、地元の人に聞いて勧められたのが、この『漁火』。呼子の港を一望できる和風の店内は、どこか懐かしい感じで落ち着ける。ピチピチはねる透きとおった活イカは、最高の味だ。イカの活き造りコース二八〇〇円、イカ活き造り単品二五〇〇円、他にイカのてんぷら、イカシューマイ、イカ丼など。

松浦党の「聖地」、山ン寺《やまんてら》遺跡

佐賀県伊万里市東山代町、文殊原《もんじゅはる》高原の西端、標高四五〇メートルのところにある宗教遺跡。約一万平方メートルの面積があり、古くから松浦党の「聖地」として知られる。遺跡には松浦党二代目の松浦直《なおし》夫妻の墓と伝えられる宝篋印塔や、中世末から近世の五輪塔群や宝篋印塔群があり、また建物跡や土塁、石塁、石積み遺構なども残っている。

平安時代の久安年間（一一四五～一一五一年）に直が城館を築き、総持寺を創建して初代・久の霊を祀ったと長年伝えられてきたが、昭和五十七年の発掘調査の結果、これは城館跡ではなく、室町時代に築かれた山岳寺院施設の跡であろうといわれている。また、出土遺物には中国や朝鮮半島、東南アジアでつくられた陶磁器片が数多くあり、海外交易が盛んだった松浦党の遺物であることは間違いなく、ここが松浦党ゆかりの貴重な遺跡であることを示している。

鐘楼跡

上段にある山祇神社の鳥居。巨石信仰の古社で、境内は黒々とした原生林に覆われている。

山祇神社境内にある石塔群。

松浦家二代、直の墓（宝篋印塔）。

山ン寺遺跡の麓、志佐町の田園風景。

◉海賊コラム

海の守り神『田島神社』

佐賀県唐津市加部島は呼子港の玄関口にある島で、現在は呼子大橋で結ばれている。この島には『延喜式神名帳』に『肥前国松浦郡田嶋坐神社』と記載されている、由緒正しい古社がある。創建は神代の時代と伝えられ、肥前国最古の神社といわれている。古くから海上の守り神として信仰を集め、松浦党の人々も航海の前にはここで安全祈願をしていたという。海に向かってまっすぐにのびる長い階段と白い鳥居は、海の守り神にふさわしい勇姿である。

DATA

住所｜東松浦郡呼子町加部島 3956-1

元寇最後の激戦地、『鷹島《たかしま》』

蒙古は、フビライが王になると、国名を「元」と改め、中国を統一、日本もその支配下に置こうとした。文永八（一二七一）年、二万五千余りの兵と九百艘の兵船を連ねて対馬、壱岐に攻め込み、暴虐の限りを尽くした（文永の役）。その後、松浦半島沿岸の島々に攻め込んだが、これを迎え撃った松浦党の武士団は、数百人の死傷者を出しながら徹底的に抵抗した。

元軍は矛先を博多に移し、箱崎から今津にいたる沖合に軍船を連ね、十月二十日朝、一気に上陸。日本軍は必死で防戦につとめたが苦戦を強いられ、元軍の圧倒的優勢でその日の戦いは終わる。だがその夜遅く、突然に暴風雨が吹き荒れ、元軍の船は難破し多くの兵士が溺死した。

二度目の元寇は、八年後の弘安四（一二七九）年五月三日。元は十四万の兵と四五〇〇艘の軍船で日本へ向かった（弘安の役）。六月末から平戸、五島列島、壱

岐を襲い、松浦党はじめ日本軍は一丸となって防戦し、熾烈な戦いを繰り広げた。その後、元軍の主力は松浦半島の北西にある鷹島に移り、大挙して島に押し寄せたが、七月一日、おりからの台風でまたしても軍船はほとんど沈没、元軍は壊滅的被害を受けた。元軍の敗残兵が鷹島に集結していると知った松浦党は、敵を御厨《みくりや》星鹿《ほしか》に追いつめて討ち果たした。松浦党はこの戦いの恩賞を幕府に要求したが、他の武士団と違い、松浦党の場合は自衛の戦いだったとして受け入れてもらえなかった。

後世、このとき沈んだ元の軍船が鷹島沖の伊万里湾海底で発掘され、それを含む約三十八万四千平方メートルが、日本の海底遺跡では初となる国史跡「鷹島神崎《こうざき》遺跡」として指定された。

元寇終焉の地、鷹島神崎遺跡の展望台から見る伊万里湾。

元寇の激戦地跡、宮地嶽《みやじだけ》史跡公園にある元寇記念の碑。

宮地嶽からの眺め。玄界灘が一望できる。

鷹島、今宮神社（広久山満福寺）。久安４（1148）年、久公の子・直が、父のために満福寺境内の一隅に建てたと伝えられる。満福寺は久が鷹島町原免の日本山に出城を築いた際、この三里地区の平坦な地形を見て、耕作用の土地に最も適しているとして将来への一族発展の拠点として建てた寺と言われている。

境内の石塔群。元寇の際、鷹島を守るために戦い、重傷を負ってここで自刃した第14代松浦答《こたう》の墓をはじめ、五輪塔、宝篋印塔などが無数に並んでいる。

海賊料理を味わう その7

『道の駅鷹《たか》ら島《じま》』

鷹島の玄関口、鷹島肥前大橋のたもとにある道の駅。海の幸がたっぷり入った鷹島チャンポン（七百円）と魚島来飯《おとこめし》（地元の魚を使った海鮮丼・千円）が人気メニュー。

DATA

住所｜松浦市鷹島町神崎免1636
営業時間｜午前8時半〜午後7時
定休日｜年中無休

名物の「魚島来飯《おとこめし》」。魚を食べに島に来てもらいたいという願いが込められている。

宗家対平戸氏の七十年戦争

宗家松浦氏は四百年近く今福の梶谷城を本拠地としていたが、室町時代になって、十三代松浦盛《さかり》が、拠点を相神浦《あいこうのうら》（現在の佐世保市相浦《あいのうら》）へ移し、城を築いた。まず最初に武辺城、次に大智庵城《だいちあんじょう》を築城するが、この頃から台頭してきた平戸松浦氏との関係が悪化。一四九八年、十五代政《まさし》が平戸の松浦弘定《ひろさだ》・興信《おきのぶ》父子に攻められ討死する。政の子・幸松丸《こうまつまる》と母・南殿は平戸に幽閉される。だがその後、幸松丸は旧臣らに助け出され、のちに松浦親《ちかし》と名乗り、平戸の弘定と和解し、今福・有田・相神浦の旧領を取り戻して相神浦に飯盛城を築いた。

だが、天文十一（一五四二）年、平戸の松浦隆信は勢力拡大をはかり、再び宗家への攻撃を開始。この戦いは一応宗家側の勝利に終わったが、双方とも痛手が大きく、特に戦場となった飯盛城の城下は甚大な被害を受けたため、親公はこれ以上領民を苦しめるわけにはいかないと、平戸に鷹島を譲って和解した。

こうして両家はやっと平和を取り戻したかに見えたが、永禄六（一五六三）年、またもや平戸の松浦隆信・鎮《しげ》信《のぶ》父子が相神浦の攻撃を開始

した（相神浦二年の役）。戦《いくさ》上手の平戸氏父子の攻撃はこれまでになく執拗で、兵糧攻め、水止めをはじめ、水田の稲を焼き払い、農家に火をつけるなど、城兵だけでなく城下の人々も非常に苦しめられた。

　これを見て親公はついに降伏し、平戸の隆信の次男・九郎親《ちかし》を養子に迎え入れ、宗家の当主とすることを承諾する。こうして七十年にわたった両家の戦争は終結し、平戸氏が宗家松浦氏となり、相神浦松浦氏は平戸の支配下におかれることとなった。

武辺城跡。宗家松浦氏が相神浦に本拠地を移し、最初に築いた居城で、嘉吉3（1443）年、13代松浦盛が築城した。写真は城跡遠景。鉄塔の建っている辺りが武辺城本丸跡。

武辺の里にある大宮姫神社。元々、愛宕町あたりにあった大宮古社を、宗家松浦氏の16代宗金親《ちかし》が、天正4（1576）年に現在地に新築移転したもの。県内最古の木造神社建築。

延徳2（1490）年、14代定によって築かれた大智庵城跡。明応七（1498）年12月、定の子・政の代に、平戸の松浦弘定の襲撃を受け、一夜で落城した。わずか8年の短命な城だった。相浦川の南岸の丘陵にあり、現在は「大智庵城址公園」となっている。

上／松浦家の祈願寺だった東漸寺《とうぜんじ》。
下／東漸寺にある宗家松浦13代盛公の墓。

本丸跡にある城主松浦政公の墓。

相浦漁港。朝市も開かれ、活気あふれる港町だ。

飯盛城跡（愛宕山）。大智庵城落城と共に自刃した政公の子・幸松丸が、丹後守親と名のり、相神浦を奪還して、永正 9（1512）年に築いた城。相浦川の西岸、標高 259 メートルの愛宕山の山腹に築かれていたといわれているが、はっきりとした遺構などはみつかっていない。現在、登り口には飯盛神社がある。

飯盛神社

東光寺山城跡。東光寺は永享 8（1436）年、平戸の松浦豊久により開基された。永禄 6（1563）年、平戸の松浦隆信が飯盛城の松浦親を攻めるためにここに本陣を置き、ここを拠点に何度も攻撃を仕掛けた。

小佐々《こさざ》漁港。

小佐々の町。のどかで美しい田園風景が広がる。

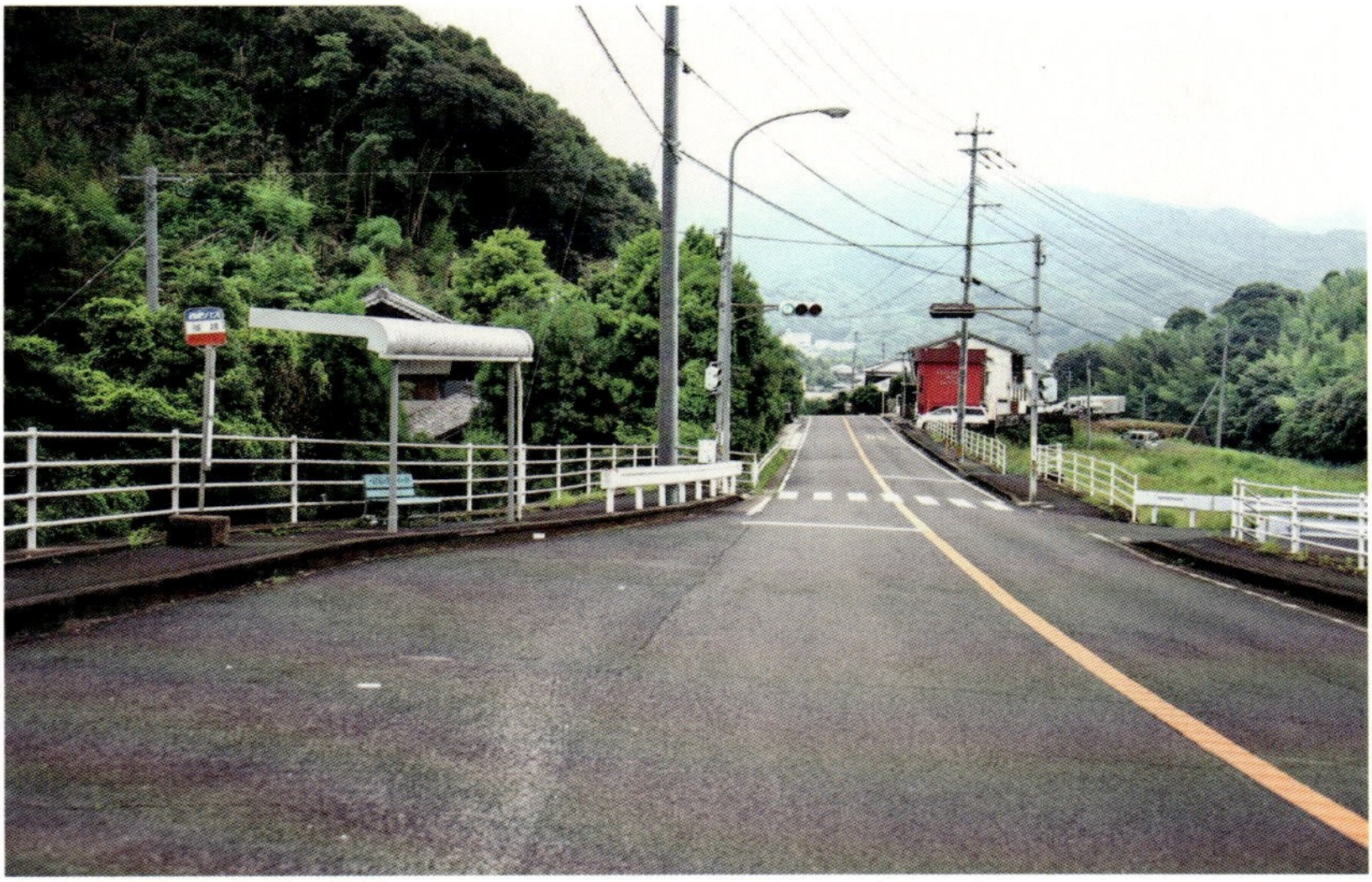

上／半坂の合戦場跡。「相神浦二年の役」まっただ中の永禄7（1564）年8月1日、平戸の軍勢が平戸往還を攻めのぼり、半坂で宗家軍が迎え撃ち、双方入り乱れて戦った。
左／平戸街道沿いにある「半坂峠駕篭立場跡」。身分の高い人は、ここで駕篭を止めさせてしばらく休憩をとった。

相当原（そうとうばる）合戦場跡。永禄8（1565）年、宗家は平戸に事実上、降伏するが、宗家の次代を継ぐ予定だった有田の五郎盛はこれに納得せず、平戸への反撃の機会を伺っていた。そして元亀3（1572）年1月20日、相当原で合戦を起こす。平戸・相神浦軍500人対五郎勢500人。元は同じ一家の家来であり、親子兄弟が血で血を洗う戦いだった。結果は平戸軍が勝利し、これで事実上、宗家対平戸の戦いは終結した。現在の相当原は、水田と農家の畑がどこまでも続く静かな里である。

松浦党の第三勢力、波多氏《はた》の栄光と挫折

松浦党の始祖・久の次男・持《たもつ》は、久から波多郷（現在の唐津市北波多あたり）を与えられて波多姓を名のり、岸岳城《きしだけ》を本拠として波多氏の基礎を築いた。持の死後は親、勇と代替わりしていくが、その後しばらく系図ははっきりしていない。

波多氏がもっとも華々しかったのは興《こう》の時代である。興は周防の大内氏、島原の有馬氏、宗家や平戸松浦氏らと同盟や婚姻によって友好関係を結び、波多家の全盛期を迎えた。だが、興の跡を継いだ盛《さこう》が若くして急死し、子がなかったため、跡目争いのお家騒動が勃発、約二十年にわたり、内輪もめが続いた。永禄十二（一五六九）年、有馬晴純の孫・藤童丸（のちの波多親《ちかし》）が家督を継いで騒動は治まったが、結果として家中は分裂、波多氏は大きく勢力をそがれることになった。

波多氏の悲運はこれで終わらない。跡目は継いだものの、どうやら親という人物は機を見るに敏でなく、しかも鈍重なタイプだったようだ。秀吉の九州征伐の際は出兵の命令に応じず、さらに朝鮮出兵のときも、戦わずに独自の行動をとったとして文禄二（一五九三）年、突然に秀吉から知行を没収され、常陸に追放された。これにより平安末期から五百年以上続いてきた波多氏は没落した。

岸岳城跡。標高320メートルの岸岳の山頂、稜線に沿って東西に築かれており、17代約450年の長きにわたって波多氏の居城だった。築城時期は定かでなく、南北朝時代（1336～1392年）には築かれていたと考えられている。

岸岳。鬼子岳とも呼ばれ、昔から鬼が棲んでいるといわれていた。

鬼子岳城跡法安寺。没落以来、確たる菩提寺すらない波多氏一族の霊を弔うため、大正12年に開かれた寺。

寺に入ってすぐ左に、巨大な波多三河守親の石像がある。次のような碑文が記されている。──『岸岳城主波多三河守は（中略）文禄元年豊臣秀吉の朝鮮出兵の時あらぬ嫌疑を受け、直ちに所領没収、身は配流となり没す。遺臣ら此の冷酷非道の処置に憤激し、再興を図るもならず。五百有余年十七代波多氏も栄光の歴史を閉ず』──波多の人々の秀吉への深い恨みが込められた碑文である。

波多城跡。波多氏によって築かれたが、築城年代は定かではない。岸岳城の北西約２キロのところにあり、城の登り口には波多八幡神社がある。

上／波多氏の菩提寺、瑞巌寺跡。南北朝末期（1355年）の創建で、波多氏の改易以降、廃寺となった。
下／参道の小さな丘にある「旗本百人腹切り場所」。城を奪われ主君を失った波多氏の家臣一同が、再建の望みも絶たれ、腹を切って殉死した場所と伝えられており、百体以上の石塔が並んでいる。うっそうとした森の中にあり、最初はゾクッとしたが、もの言わぬ無数の石たちに込められた家臣達の無念の思いが伝わってくるようで、思わず手を合わせていた。

秀吉、家康政権下を生き抜いた松浦鎮信《まつらしげのぶ》の知恵と苦悩

宗家松浦氏を支配下に治め、ライバル波多氏が内紛に揺れている間に、平戸の松浦隆信は着々と領土を広げ、永禄年間に北松浦半島をほとんど掌握していった。隆信の隠居後、跡を継いだ鎮信は、父親ゆずりの交易・外交能力を発揮し、怒濤の戦国時代を巧みに生き抜いていく。

天正十五（一五八七）年、秀吉が九州征伐を始めると、鎮信はただちに松浦水軍を率いて参戦し、旧領を安堵され、続く文禄の役・慶長の役では、六年もの間、朝鮮に在留して戦った。だが関ヶ原の合戦では、家康に運ありとみて東軍につく。先見の明も、鎮信の優れた能力のひとつだった。

その後、鎮信は慶長四（一五九九）年、平戸の亀岡に「日の岳城」を築いたが、かねてより大阪の秀頼の動きが気になっていた家康は、かつて秀吉と親交の深かった松浦氏に疑惑の目を向ける。それを知った鎮信は、家康の疑念を晴らすため、完成間近の日の岳城を焼き払うという思い切った行動に出る。こうして家康の信任を得、平戸藩六万一七〇〇石の初代藩主となった。自らの手で居城を焼い

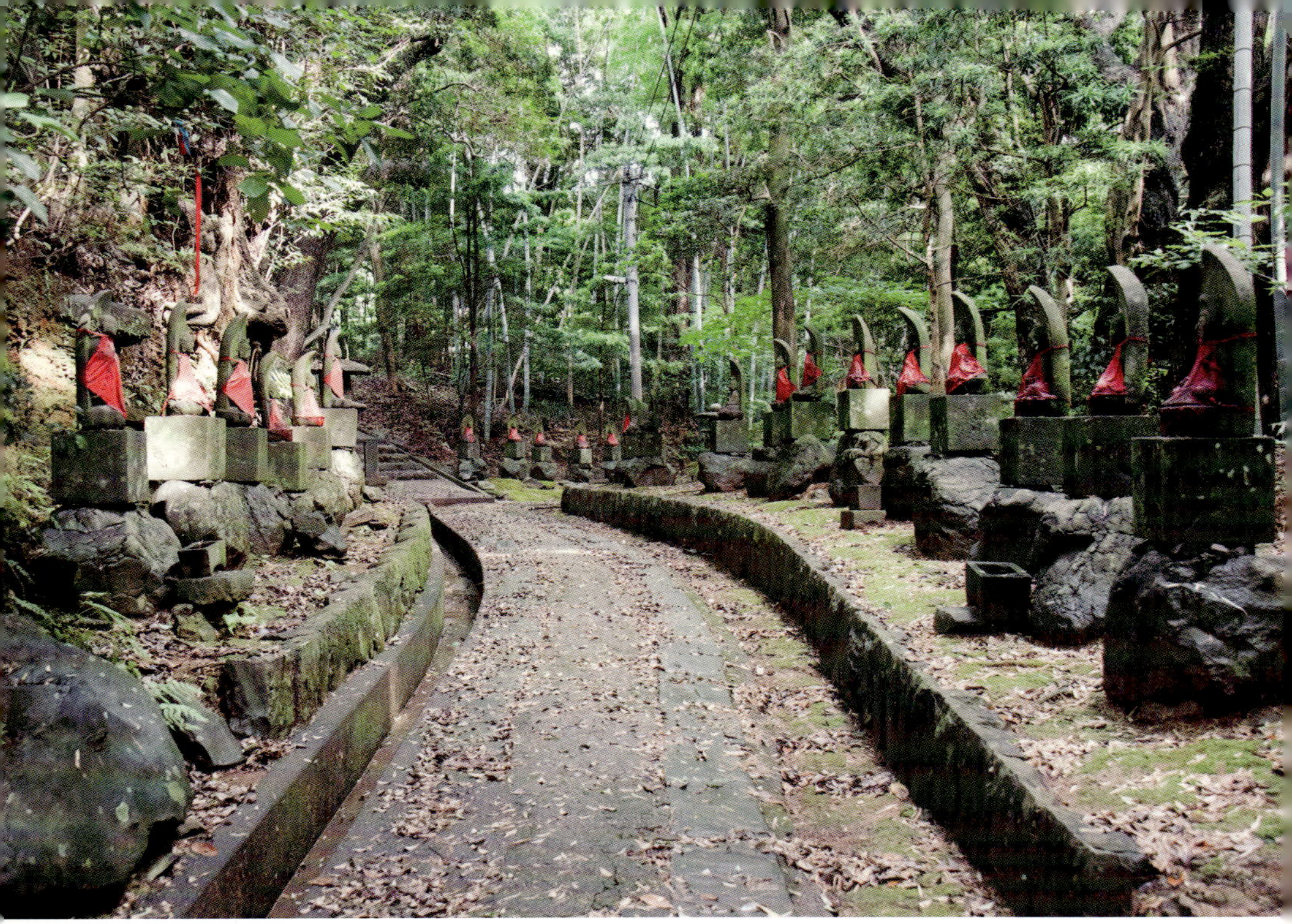

最教寺境内

た鎮信は、平戸港北側に「御館」を建てて住み、ここがその後九十年にわたり松浦家の本拠地となった。

鎮信は慶長十九(一六一四)年、六十六歳で死去。

宝永元(一七〇四)年、三十代棟《たかし》が幕府に願い出て日の岳城の再築を開始、享保三(一七一六)年、新生「平戸城」が完成した。

十一世紀半ばに始まり、分家数四十八家とも五十三家ともいわれた松浦党の一族は、最後にたったひとつ平戸松浦家のみが、数々の障害をのりきって近世大名として生き延びたわけである。

上／平戸港を臨む小高い丘にそびえる平戸城。明治6年に廃城となり、昭和37年、平戸市により復元された。
下／対岸の田平港から見る平戸城。

DATA

所在地｜平戸市岩の上町 1458
開館時間｜午前8時半～午後5時半
入場料｜大人 510 円、中人 300 円、小人 200 円

松浦鎮信の墓。最教寺境内、本堂脇の苔の参道を4、5分歩いたところにある。

鎮信が建立した平戸松浦氏の菩提寺、最教寺。この寺の誕生には悲劇的なエピソードがある。当寺のある場所は、昔から空海が唐から帰国して初めて護摩を焚いた地と伝えられていた。真言宗に帰依していた鎮信は、この地に寺を建てようとした。しかし当時ここには、すでに曹洞宗の勝音院浄漸寺という寺があった。鎮信は住職の竜呑に改宗ないしは移転を命じたが、住職はこれを拒否。怒った鎮信は住職もろとも寺を焼き払い、その跡地に最教寺を建てたという。僧ごと寺を焼いた大名は信長だけではなかった。忍耐の人・鎮信の、意外に短気で冷酷な一面を知る逸話である。

海賊料理を味わう その8

『平戸瀬戸市場レストラン』

田平《たびら》港にある産直市場の二階にある海鮮レストラン。店内からは平戸大橋と平戸島が見える。港に水揚げされた新鮮な魚介類が食べられる。特選海鮮丼三二〇〇円、イカタコ天丼一一〇〇円ほか。

DATA

住所｜平戸市田平町山内免3451-15
営業時間｜午前11時～午後5時
定休日｜第二水曜日

上右／イカタコ天丼。ボリュームたっぷり。
上左／特選海鮮丼。アワビもまるごと入っている。
下／海が見える店内。

松浦党関連地図

宗家松浦10代
丹後守勝公の墓
鷹島口
松浦市役所
今福支所
宗家松浦13代
丹後守盛公の墓
今福神社
今福
宗家松浦丹後守家
累代の墓（旧宛陵寺跡）
204
松浦西九州線
今宮神社

A 松浦

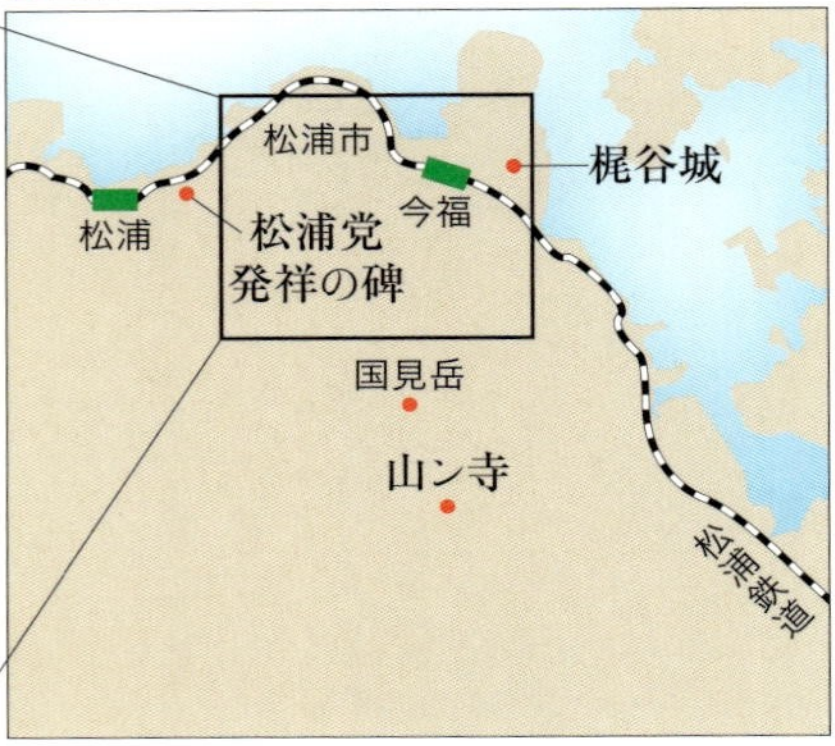
松浦市
梶谷城
今福
松浦
松浦党
発祥の碑
国見岳
山ン寺
松浦鉄道

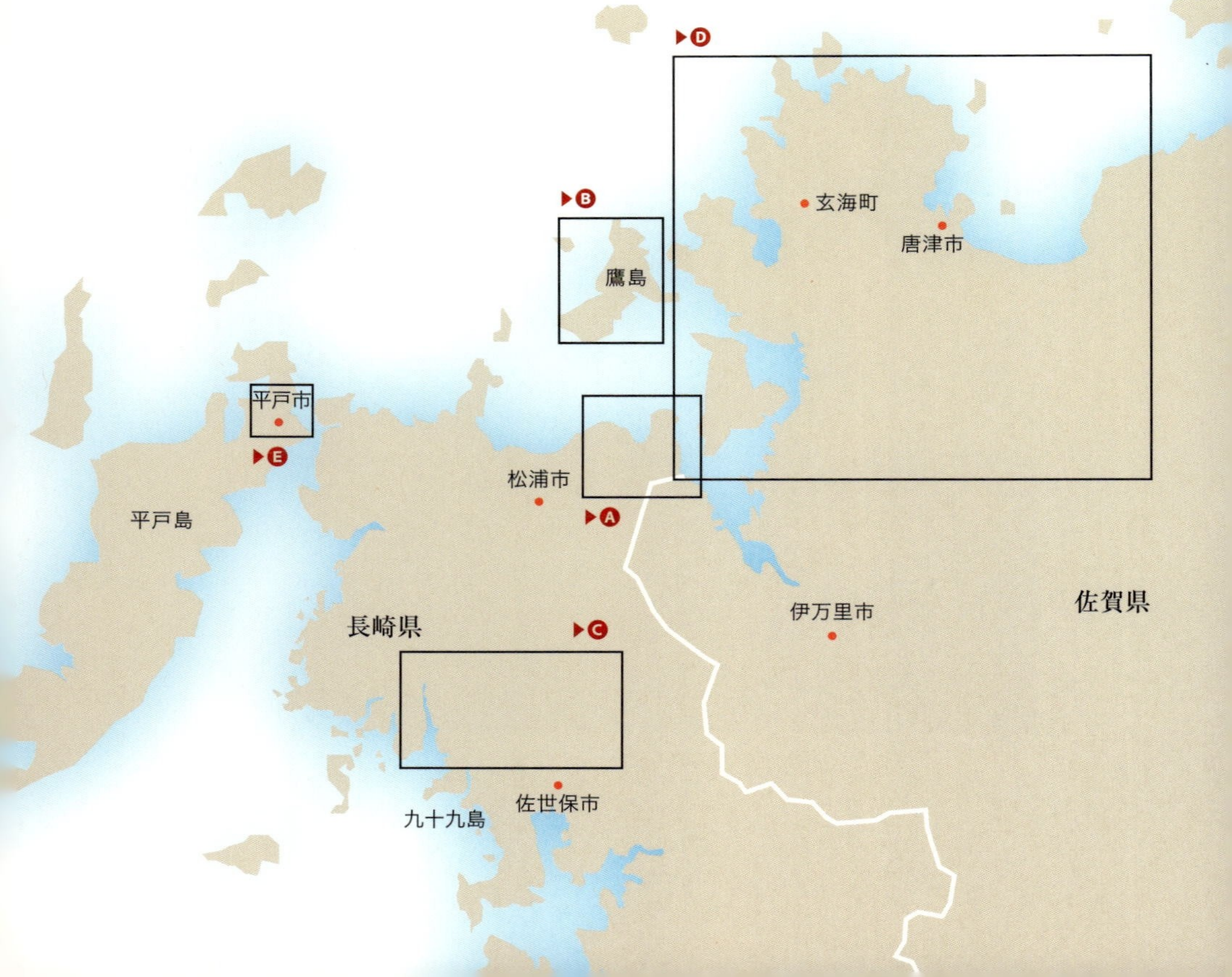
D
B
玄海町
唐津市
鷹島
平戸市
E
松浦市
A
平戸島
長崎県
C
伊万里市
佐賀県
九十九島
佐世保市

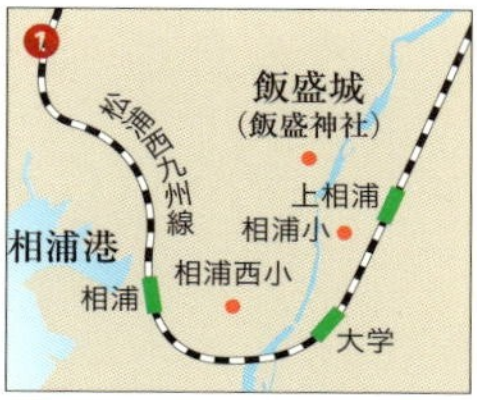

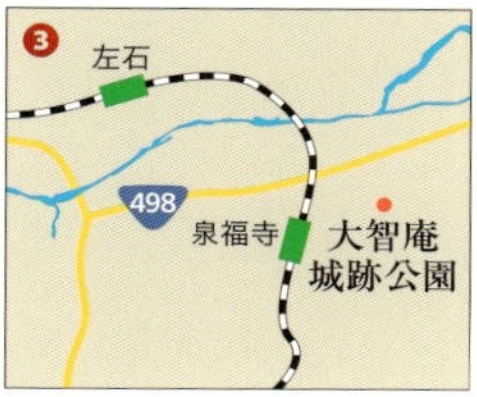

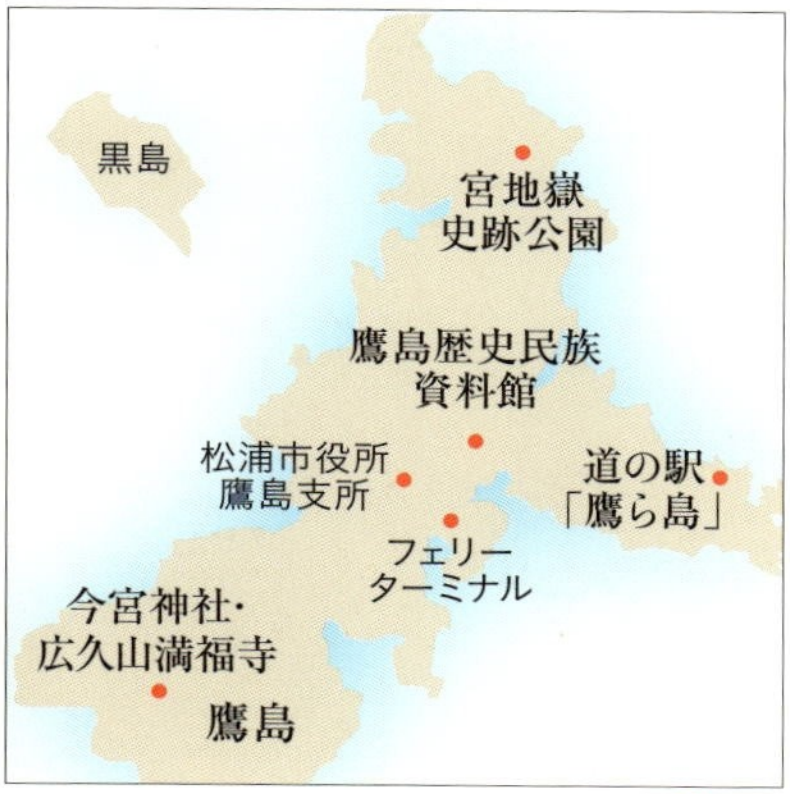

B鷹島

C佐世保

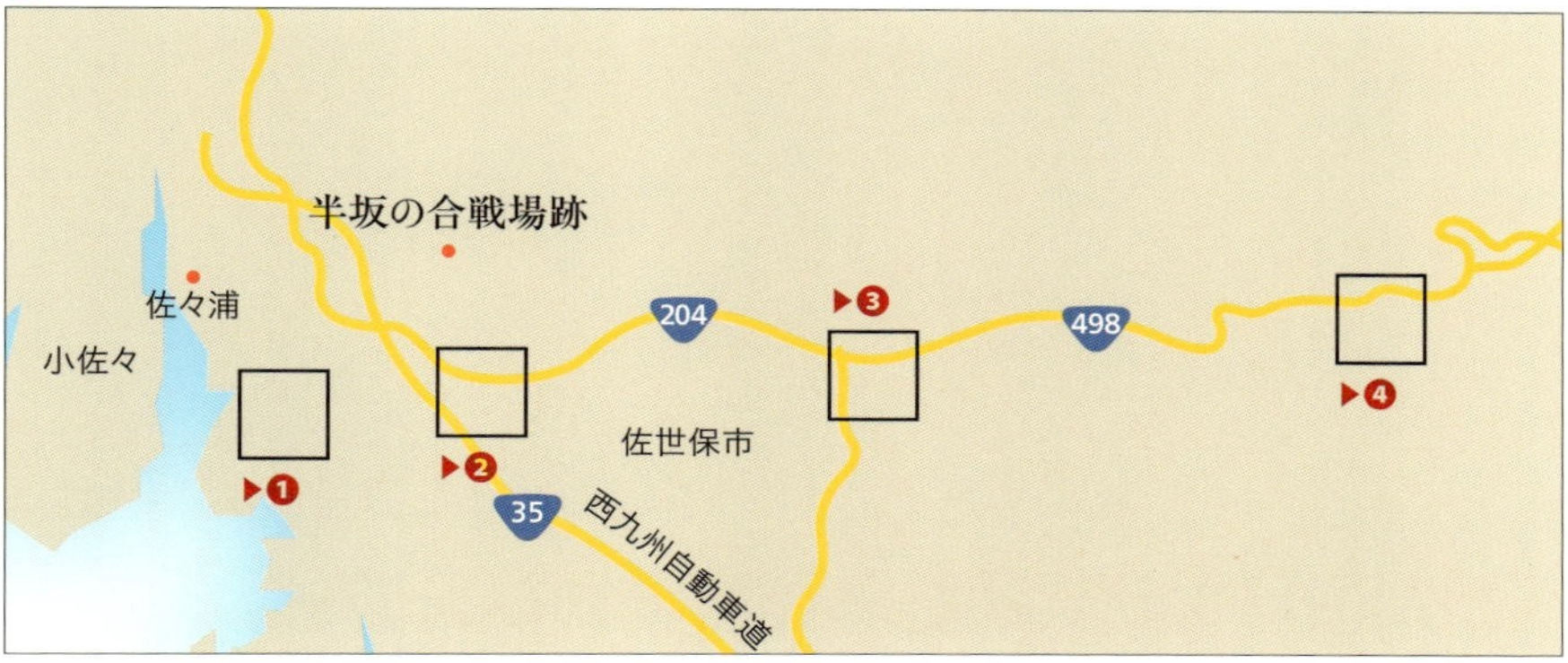

D玄海・東松浦

E平戸

第4章　東国の海賊

里見氏の最盛期を支えた東国一の「房州海賊」

西国に比べ、東国には歴史の表舞台で際立った活躍をした海賊はあまり多くない。古くから海賊衆として暮らし、卓越した操船技術と知略によってのし上がっていった瀬戸内の村上氏や鳥羽の九鬼氏のように、海賊大名として東国に覇を唱える者は登場しなかった。

戦国時代、東国の覇権を争った大名たちの水軍は、領国内の海賊衆に他国から招いた海賊衆で編成した、いわゆる傭兵水軍がほとんどだった。血縁、地縁のない者たちによって編成された水軍が強固な団結力を永続させることは難しいことだったに違いない。

だがそうした中で、古くか

らいる土着の海賊衆たちの力をまとめて独自の水軍をつくりあげた大名もいる。そのひとつが房総半島を支配した里見氏である。

里見氏は、清和源氏の流れを汲む新田氏一族から分家し、もともとは上野国《こうずけのくに》碓氷郡里見郷を拠点としていた。鎌倉時代から室町時代にかけて里見一族は諸国に広がり、その中の一人である里見義実《よしざね》が、安房平定のために安房国に送りこまれたのが房総里見氏の始まりといわれている。

その時代、関東では鎌倉公方足利氏と関東管領上杉氏の両勢力が対立しており、劣勢だった足利氏が巻き返しを図るために送りこまれたのが義実だった。義実は足利氏の権威を背景に上杉勢を追い出し安房一国を平定。以来一七〇年余り、慶長十九（一六一四）年に徳川幕府によって伯耆国《ほうきのくに》へ移封されるまで、里見氏は房総に君臨した。

十代続いた里見氏だが、初代義実の時代から、海上輸送路として富を生み出す東京湾の利権をめぐり争いが絶えなかった。義実が送り込まれた原因となった足利氏と上杉氏の対立も、この利権争いが要因の一つだったといわれている。また、北条早雲を祖とする後北条氏が台頭してからは、北条氏との間でも東京湾の制海権をめぐって何度も戦が行われた。

そうした幾多の戦いのなかで、里見氏の攻防の主力になったのが里見水軍である。もともと房総の地には古くから土着していた海賊衆がいた。安西氏、正木氏、吉田氏、向井氏などが代表的な海賊衆だが、それらの土着海賊衆を支配下に置いて里見氏は強力な水軍を編成。一般的に里見水軍と呼ばれるこの水軍は、他国から「房州海賊」と呼ばれるほど怖れられ、東国一の水軍との呼び声も高かった。急襲に長けていた里見水軍は、他国の領土をたびたび侵攻し、領民に経済的負担と恐怖心を与えることで、戦況を優位に進めたといわれている。

そんな里見氏の最盛期を築き上げたのは、※1五代目里見義堯《よしたか》である。弘治二

（一五五六年）年には、里見水軍を率いて北条水軍と戦い、大勝（三浦三崎の戦い）。その後も何度となく北条氏と戦いながら、里見氏は房総半島全土に勢力を広げていった。六代里見義弘《よしひろ》の晩年、戦国時代の末期に北条氏と和議が成立し、長い戦乱に終止符が打たれた。

その後、八代義康《よしやす》の時代、関ヶ原の戦いで徳川方についた里見氏は、加増されて十二万石の大名となり、関東で最大の外様大名に成長していった。しかし、九代忠義《ただよし》のとき、幕府の重臣大久保忠隣《おおくぼただちか》の孫娘を室に迎えたが、忠隣の失脚に連座して改易。伯耆国倉吉へ配流された。八年後、忠義は倉吉郊外の村で病死。後継者がいなかったため、里見氏の歴史はここで終わった。

足利氏や上杉氏、あるいは武田氏など、巨大な勢力がしのぎを削っていた戦国時代の関東の中で、安房を中心に勢力を保ち続けた安房里見氏。その長き繁栄の礎が里見水軍であることは間違いないだろう。

※1　里見氏は「里見氏九代」とする説と「里見氏十代」とする説がある。三代義通《よしみち》のあと家督を継いだ義豊《よしとよ》がまだ幼少だったため、後見人となった実堯《さねたか》を四代として義豊を五代とする場合（里見氏十代）と、義豊を四代として実堯は歴代当主に含まず、その子の義堯を五代目とする場合（里見氏九代）である。本書では、里見氏九代説をもとにしている。

内乱の舞台となった前期里見氏の居城・稲村城

初代義実から九代忠義まで約一七〇年続いた安房里見氏だが、里見家嫡流、いわゆる本家が家督を継いだのは四代の義豊《よしとよ》までである。第五代義堯のときに家督が本家から分家に移り、以降、里見家の家督は代々分家が相続していった。四代義豊までの里見家は「前期里見氏」、五代義堯からの里見家は「後期里見氏」と呼ばれている。

嫡流から庶流に家督が移るきっかけとなったのが天文二（一五三三）年に起こった「天文の乱」である。

第三代里見義通《よしみち》が安房国国主になったころ、外房では正木氏、内房北部では叔父の里見実堯《さねたか》が勢力を拡大していた。義通の家督を継いだ四代里見義豊《よしとよ》は、正木氏と実堯の勢いに脅威を感じて二人を殺害してしまう。しかし、翌年、実堯の子である義堯によって、義豊は殺されてしまう。これが天文の乱と呼ばれる内乱であり、その結果、里見家は本家から分家へと政権が交代してしまった。

この内乱の舞台となったのが稲村城である。三代義通と四代義豊が居城した城

稲村城跡がのこる丘陵。城は安房の要地をおさえる場所にあり、東西 2km、南北 1.5kmの大規模な平山城だった。

で、安房国の中心をおさえる位置にあり、安房支配の拠点となった。館山平野の中央に位置し、内陸交通と海上交通を結ぶ港が近くにあったといわれている。

現在は、館山市の稲という地にその城跡を残しており、山頂に広い主郭が造成され、土塁や堀切などの遺構が残り、戦国前期の城の姿を今に伝えている。

この稲村城で義豊を討った第五代義堯は、その後居城を久留里城へと移し、里見氏は全盛期を迎えることになる。

稲村城跡から見下ろす館山平野の
風景。館山湾方面まで眺望できる。

主郭部が残る頂上へと続く
道。長い切通しになっている。

南房総市白浜町にある前期里見氏の菩提寺杖珠院。

里見氏初代・義実の墓と供養塔。

里見氏全盛期の拠点
「久留里《くるり》城」

安房里見氏は、第五代義堯とその子義弘《よしひろ》の時代に全盛期を迎えた。その拠点となったのが久留里城である。

もともとこの久留里城は、室町中期に上総《かずさ》の上総武田氏によって築城され、真《ま》里谷《りやつ》武田氏の勢力下にあった。その後、義堯が安房から上総に進出して、里見氏の本拠地としたが、永禄七（一五六四）年に下総で起きた国府台《こうのだい》の戦いで、里見氏は北条氏に敗北。久留里城も北条氏の手に落ちてしまう。

ところが、二年後には再び里見氏が久留里城を奪還して上総全域と下総を制圧。天正五（一五七七）年には、義堯の子・義弘が、長年の天敵ともいえる北条氏と和睦し、里見氏の安房における支配は盤石なものとなった。

久留里城は、別名「雨城《うじょう》」と呼ばれている。久留里の歴史を記した久留里記に「城成就して、三日に一度ずつ雨降る事二十一度なりしかば」とあるよう

に、築城の時期に不思議と雨が続いたことがその由来だ。

明治維新により廃城されるまで、大須賀、土屋、黒田氏をはじめ数々の城主の居城となった久留里城。江戸時代には、この城を中心に久留里の町は城下町として栄え、城下は大いににぎわっていたといわれる。

現在ではほとんどその面影はなくなってしまったが、一部に、当時の雰囲気を伝える古い町並みが残っている。

江戸時代、城下町として栄えた面影がそこかしこに残る久留里の町並み。

久留里城は明治5年に廃城となり城の建物は解体された。その後、昭和53年に本丸跡地に天守閣が再建され、翌年には二の丸跡地に資料館も完成した。

久留里城址資料館脇の展望所から見た久留里城下の風景。
遠くには、里見と北条の古戦場も見える。

上／後期里見氏の菩提寺、延命寺。
下／里見氏四代実堯、義堯、義弘の墓。

北条氏の侵攻を防いだ里見水軍の基地

安房国の里見氏にとって、隣国相模国の北条氏は天敵ともいえる存在だった。とくに現在の浦賀水道を挟んで対峙していた両国は、隙あらば海を渡って敵国に上陸侵攻する、という戦を何度となく繰り返していた。東国有数といわれた両国の水軍は、まさにその戦いのために存在していたといえるかもしれない。

里見氏は東京湾沿岸の要所に出城や砦をつくり、北条氏の侵攻に備えた。代表的なものとしては、内房総鋸山《のこぎりやま》の「金谷城《かなやじょう》」、富津の竹岡の「造海城《つくろうみじょう》」、さらに南の大黒山の「勝浦城」、そのさらに南の館山には「岡本城」や「館山城」が水軍基地としてつくられた。これらの城は、里見氏もしくは里見氏の配下にいた地元の有力海賊衆が城主となっていた。里見氏は、その時々の状況をにらみながら、次々と新しい城や港をつくり、北条氏の侵攻を防いだ。

造海城や館山城のように、多くの遺構が残る城址もあるが、金谷城のように往時を物語る遺構がほとんど残っていない城址も多い。ただ、どの城址も東京湾に

突き出た小高い山の上にあり、その斜面は切岸状に削り上げられている。それが里見氏の水軍基地であったことを物語っている。

造海城跡。現在の富津市竹岡港近くにある。里見家代五代義堯が拠点にしていた。

十二天神社。白狐川にかかる十二天橋を渡り、河岸にそってしばらく歩くと見えてくる。こじんまりとした鳥居と拝殿が印象的だ。

竹岡港。左側のこんもりした山が造海城跡。

海岸には岩場が広がっており、かつては船溜まりとして使われていたのかもしれない。

金谷港から見た金谷城。対岸の三浦半島までは直線で約7kmとあって、里見水軍にとって重要な防衛拠点となっていた。

金谷の古い町並み。富津市金谷は、近くの鋸山から産出する房州石の切出しに従事する者が多く住んでいた。

岡本城址前に広がる豊岡海岸。

岡本城本丸跡。

大黒山展望台から見る勝山城跡と勝山港。

里見氏最後の繁栄を支えた館山城

天正五（一五七七）年、六代義弘は北条氏政と和睦した。

長く続いた里見氏と北条氏の攻防は終止符が打たれ、東京湾の利権争いも終息した。

義弘の次に里見氏当主となった義頼《よしより》は、内乱を克服し、さらに秀吉の庇護を受けたこともあり、房総半島の支配を確立した。

ところが、八代義康《よしやす》が、秀吉の小田原征伐に遅参するという大失態を犯してしまう。激怒した秀吉は里見氏の領地から上総下総を没収し、義康は安房一国に押し込められてしまった。結果、義康は領国経営に専念することとなり、新たな本城として築城したのが館山城であった。城は平山城形式で東西および北面は急崖による天然の要塞となっており、東から北にかけては人工の堀をめぐらした強固なつくりであった。

以来、館山は里見氏の本拠地として、あるいは南房総を代表する城下町として発展していくことになる。

現在、館山城のあたり

館山城の模擬天守閣。内部も観覧できるようになっている。

は城山公園として整備され、在りし日の館山城を模した新しい館山城が頂上に建てられている。また、市内には城下町の面影を残す町並みが今もなお残っている。

ちなみに、長らく房総に君臨した里見氏は、九代忠義の時に改易させられ、伯耆国倉吉に転封させられてしまう。里見氏再興の夢を抱きながら、忠義は病死。ここに、里見氏の歴史は終わりを告げた。

館山城址から見下ろす館山の海。

館山城址を中心に整備された城山公園。館山市民の憩いの場になっている。

上／館山の長須賀地区に残る古い家屋。
下／館山の那古地区に残る古い家屋。

上／海に面した店内
下／あじの「なめろう」と「さんが焼」

DATA

住所｜千葉県富津市金谷 525-7
☎｜0439-69-8101
営業時間｜月～金：午前 9 時 30 分～午後 6 時　土・日・祝：午前 9 時～午後 7 時
休日｜無休

海賊料理を味わう　その9

漁師料理『かなや』

JR内房線金谷駅から車で三分、国道一二七号線沿いの海に突き出た高台にある漁師料理店。地元漁港直送の新鮮な魚介類を存分に堪能できる。千葉ならではのあじの「なめろう」や、そのなめろうを焼いた「さんが焼」をはじめ、メニューは約百五十種類と豊富。眼下には、房総の海の風景が広がり、料理だけではなく景色も楽しむことができる。

A富津・鋸南

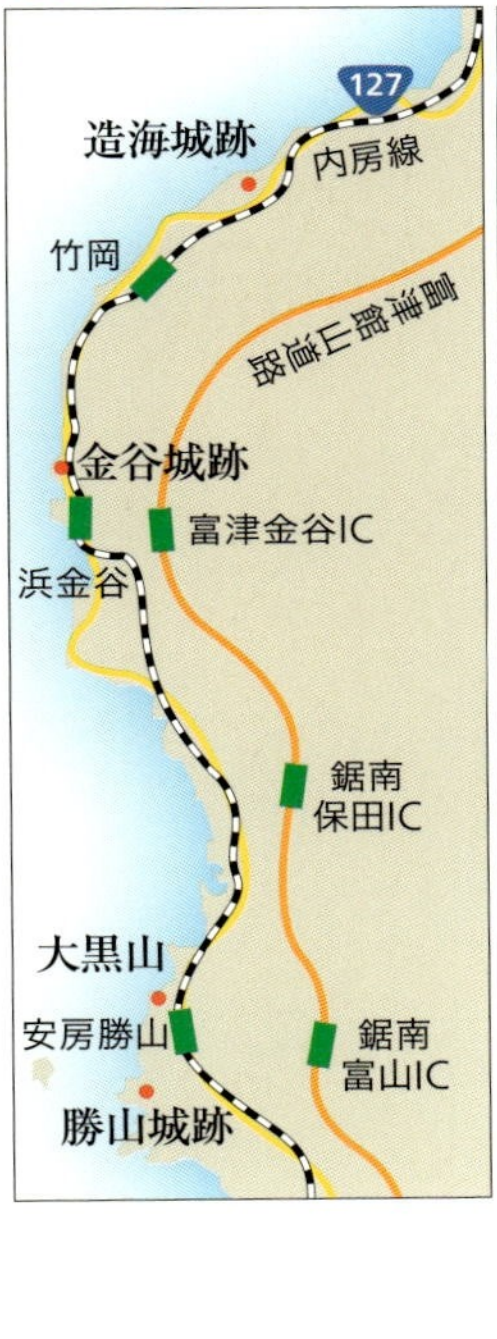

B鋸南・南房総

C館山

里見氏との戦いで輝きを放った三浦水軍

戦国時代、現在の浦賀水道を挟んで何度となく戦火を交えた北条水軍と里見水軍。約六十年にわたる争いは、東国水軍史上もっとも長く過酷な戦いだった。

最終的に和議の成立によって終焉を迎えたことを考えても、両軍の戦力は常に拮抗していたものと思われる。だが、両軍には大きな違いがあった。里見水軍がもともと安房で活動していた土着の海賊衆で構成されているのに対して、北条水軍は旧伊豆水軍と旧三浦水軍、さらに紀州からの傭兵水軍などを取り込んだ混成部隊だったという点である。当然のことながら寄せ集めの北条水軍は、こと団結力という点に関しては里見水軍に及ばなかったといわれている。そうした中で、対里見水軍の攻守の要となったのが、旧三浦水軍である。

三浦水軍とは、現在の神奈川県の三浦半島を拠点としていた関東でも指折りの有力武士団・三浦氏の水軍である。

三浦氏は、平安時代の中ごろに関東地方に住みついた桓武天皇の一族といわれている。十一世紀、東北地方の前九年の役で源頼義《みなもとのよりよし》に従った平《たいらの》太夫《たゆう》為通《ためみち》に三浦郡が与えられ、為通が〝三浦〟を家名にした。さらにその後の後三年の役でも、為通の子・為継《ためつぐ》が源義家に従って活躍。源氏と主従関係を結ぶことで関東の有力武士団の一つとなっていった。

源頼朝の挙兵のときには、当時の三浦氏当主・三浦義明《よしあき》が平氏と戦ったが敗死。その息子の三浦義澄《よしずみ》と孫の和田義盛《よしもり》が頼朝を助け鎌倉幕府の成立に尽力した。頼朝は三浦一族を重用するようになり、義澄の子である義村《よしむら》の時代には執権家や公卿と姻戚関係を結んで北条氏と並ぶ家格に押し上げるなど、三浦氏は全盛の時を迎えていた。しかし頼朝の死後、北条氏に実権が移ると、三浦氏は北条氏と対立。宝治《ほうじ》元年（一二四七）に三浦氏は北条氏に滅ぼされ、三浦の嫡流はここで絶えてしまった。

三浦氏を再興させたのは、傍流の佐原氏である。三浦義明の子の一人である義《よし》連《つら》は、横須賀の佐原に居住していたために佐原氏を名乗った。その孫にあたる佐原盛時《もりとき》は、皮肉にも宗家を滅ぼした執権北条時頼に与することで三浦介となり三

浦半島一帯を支配するようになる。この再興された三浦氏は佐原三浦氏もしくは相模三浦氏と呼ばれ、宗家と区別される。この頃すでに、土着の海賊衆をまとめたいわゆる三浦水軍が存在していたといわれる。

一方、同時期に伊豆国から相模国へと進出してきたのが北条早雲だった。小田原の大森氏を倒し、相模国から南関東全体への勢力拡大を図った北条氏だったが、その行く手に三浦氏が立ちはだかる。北条氏が支配を確立するためには、まず三浦氏を倒さなければならなかった。

当時の三浦氏当主は、新井城を本拠としていた三浦義同《よしあつ》であった。北条氏と対峙した義同は、新井城を子の義意《よしもと》にまかせ、岡崎城（現伊勢原市）で早雲を防ごうとする。だが、城は陥落し、義同は住吉城（現逗子市）に籠るがここでも敗退。最後の砦として新井城に入った。早雲の攻撃に対して、義同は三年間にわたって籠城し続ける。しかし最後には力尽き、子や家臣とともに自決した。ここに三浦氏は再び滅亡し、北条氏は相模国をまとめて戦国大名になっていくのである。

だが、すべての三浦氏が潰えたわけではなかった。当時の三浦氏の拠点のひとつだった三崎城にいた三浦一族の出口氏らは、脱出して城ケ島に立て籠もり抵抗を続けた。早雲も何度か攻めるが征服しきれず、つい

には鎌倉の建長寺と円覚寺の和尚に調停を頼み和睦せざるをえなかったのである。出口氏らは北条氏の支配下に置かれたものの、そのまま三崎周辺の地を安堵された。これら、早雲から城ヶ島を守った者たちは「三崎十人衆」と呼ばれた。

この三崎十人衆こそが、のちの里見水軍との戦いで見事な活躍をした北条水軍の中核となった海賊衆だった。三浦水軍は三浦氏滅亡後も、かたちを変えて生き続けたのである。

三浦一族の哀史が紡がれた新井城

相模三浦氏の事実上最後の当主となったのが三浦義同である。義同の生涯は、多くの苦悩と血生臭い争いに彩られていた。

室町時代後期に新井城主となった三浦時高《ときたか》には子どもがいなかった。そこで、関東管領上杉氏と小田原城主大森氏の娘との間に生まれた義同を養子として迎え入れた。ところが、すぐに時高に実の子どもが誕生する。義同は、母の実家の小田原に戻り、出家して道寸《どうすん》と名乗るようになる。

三浦氏を継ぐのは義同だと信じていた家来たちは、道寸に決起を促す。家来たちの声に押されるようにして道寸は新井城を攻め、義父の時高とその子を自害に追い込む。ここから三浦氏は、三浦道寸を当主に血で血を争う戦国の世に巻き込まれていくことになる。その最大の敵となったのが北条早雲であった。

破竹の勢いで頒図を拡大していた北条早雲は、三浦氏討伐の兵を挙げ、まずは現在の伊勢原市にあった道寸居住の岡崎城に攻撃を開始した。道寸は弟・道香《どうこう》の守る住吉城に退却して抵抗を続ける。しかし道香も戦死するなど不運な状況が重なり、道寸はさらに新井城へ退却。扇谷上杉家へ援軍を要請するも、その援軍も

油壷湾。三浦氏の兵士たちの血が水面に広がったことが名前の由来となっている。

北条勢に迎撃され、道寸とその子・荒次郎は新井城に籠城、北条軍がこれを包囲した。三方を海に面する天然の要害であり、三浦水軍の軍事力を背景に持つ新井城の守りは堅固で、三浦父子は北条軍の攻撃を実に三年間にわたって耐えていた。だが、永正十三（一五一六）年、ついに落城し、家臣ともども討ち死にした。

鎌倉時代に北条氏に一度滅ぼされた三浦氏は、南北朝時代に復活したあと、再び北条によって滅ぼされることになった。その終焉の地となったのが新井城だった。なおこの落城の際、討ち死にした三浦家家臣たちの血によって水面が油を流したようになったため、近くの入り江は油壺と呼ばれるようになったという。海を見下ろす新井城址の高台には、三浦道寸の墓がひっそりと佇んでいる。

新井城址。三浦氏の居城であった新井城は、現在の油壺マリンパークや東京大学地震研究所岬臨海実験所辺りにあったといわれている。

油壷マリンパークの北側、胴網海岸へ下る道の途中にある三浦道寸の墓。眼下に海原が広がる眺望の地につくられている。

道寸に命を助けられた北条方の４人の武将が、その恩に報いるために三浦氏滅亡後、自刃した。その４人の霊を慰めるために村人達がつくったといわれる「義士塚」。小網代高山の畑の中にある。

三浦半島を代表する海賊衆の町「三崎」

三浦半島の南端に位置し、相模三浦氏の本拠地となったのが三崎城である。古くから周辺の海賊衆たちの砦とされていたが、三浦氏の時代には新井城の出城として機能していたといわれる。

本格的に水軍の本拠地として重視されるようになったのは、北条氏の時代。新井城陥落と同時に三崎城を抜け出し、城ヶ島に立てこもった三崎十人衆の力に着目した北条氏は、その力をこれからの水軍強化に欠かせぬ戦力と見なし、配下に抱え込むことにした。江戸湾の向こうから里見水軍がさかんに攻撃を仕掛けてくる。対里見水軍の尖峰としても、三浦水軍の力は不可欠だったのだろう。

北条氏は、十人衆を何ら咎めることもなく、三浦水軍の拠点であった三崎城をそのまま安堵させた。さらに改修を重ねて大規模な水軍城郭として要塞化した。以来、三崎城は、横須賀の浦賀城とともに、北条水軍の一大拠点となった。もちろん、主力となったのは旧三浦水軍の海賊衆である。

現在、三崎城があった高台には市役所や学校施設などがあり、当時の遺構などは見当たらない。ただ三崎の町を歩けば、江戸時代から営々と栄えてきた町の面影を随所に感じることができる。ちなみに、三崎の漁港としての礎を築いたのは、海賊から漁師になった三浦水軍の末裔であるといわれている。

三崎海賊衆の拠点となった三崎港。

商店が軒を連ねる三崎銀座通りの奥にある海南神社。三浦の総鎮守であり、９世紀頃に建立されたといわれる。

城ケ島の海岸に広がる千畳敷。

小学校の前にある三崎城碑。城の面影はまったく残っていない。

対里見水軍の一大軍事拠点となった浦賀城

三崎とともに、三浦半島における北条水軍の軍事拠点となっていたのが浦賀である。江戸湾の入口に面し、さらに三浦半島と房総半島の間の海域である浦賀水道を監視できる浦賀は、里見水軍との戦いにおいて最重要拠点だったといえるだろう。

この地に浦賀城が築城されたのは、三浦道寸の時代だといわれているが定かではない。それ以前から土着の海賊衆の砦となっており、また、本格的に水軍拠点として整備したのは北条氏で、三崎城の支城として位置付けられた。その地理的環境から、三崎城が領内支配と江戸湾警備の拠点とされたのに対して、浦賀城は里見氏の房総攻撃の拠点となったといわれている。

そのため浦賀には、旧三浦水軍の海賊衆だけではなく、高禄で召し抱えた紀州水軍の一派も集結していた。さらに、軍船の建造等も行われるなど、浦賀は造船所としての役割も果たしていた。

浦賀は、入江をはさんで東浦賀と西浦賀に分かれている。浦賀城は、東浦賀にある東《ひがし》叶《かのう》神社の裏山にあたる明神山にあったといわれ、現在もその城址が山頂に残っている。

明神山から眼下に広がる浦賀水道を眺めると、目と鼻の先に房総半島があるのがわかる。戦国時代、この海峡を舞台に壮絶な戦いを繰り広げた海賊衆たちの姿が目に浮かんでくるようだ。

浦賀城址からの眺め。房総半島がすぐ近くに見える。

東叶神社。入江を挟んで西と東にある叶神社。源氏の再興を願って創建され、その願いが叶ったので「叶」と名付けられたといわれる。この神社の裏山が明神山。浦賀城が築かれた山である。

海賊料理を味わう その10

まるいち食堂

三崎港で水揚げされた新鮮なマグロを中心に、獲りたての地魚や魚貝を堪能できる。通常メニューのほかに、隣接する「まるいち魚店」で買った魚をそのまま調理して出してくれるサービスもある。

おすすめは、やはりマグロの刺身。大トロ、中トロ、赤見と、肉厚でボリュームたっぷりの刺身盛りは、味はもちろん見た目も圧巻。三崎いちの人気店ということもあって、平日でも行列ができる。少々待ち時間はかかるものの、ぜひ一度足を運んでほしいお店だ。

DATA

住所｜神奈川県三浦市三崎3-5-12
☎｜046-881-2488
営業時間｜月〜金：午前11時〜午後6時30分
土・日・祭日：午前11時〜午後7時
休日｜毎週水曜日 時々火・水連休

上／まるいち食堂。隣接しているのがまるいち魚店。
下／ボリュームたっぷりの刺身盛り合わせ。

三浦水軍関連地図
横須賀線
浦賀
横須賀市
京急
久里浜
久里浜
京急線
134
三崎口
三浦市
三崎港
城ヶ島

A三崎

三浦道寸の墓
新井城跡
油壺湾
義士塚
三崎城碑
海南神社
三崎港
千畳敷
城ヶ島

B浦賀

浦賀IC
浦賀
浦賀城跡
東叶神社
横須賀港
久里浜
京急
久里浜

日本の海賊 写真紀行

2015年2月16日　第1刷発行

撮影　清永安雄
企画・構成　志摩千歳
原稿　志摩千歳・佐々木勇志
装丁・デザイン　松田行正・杉本聖士（マツダオフィス）

発行　株式会社産業編集センター
〒113-0021　東京都文京区千石4-17-10
TEL 03-5395-6133
FAX 03-5395-5320
http://www.shc.co.jp/book/

印刷・製本　大日本印刷株式会社

ISBN978-4-86311-109-7